Birgit van Damsen

Ich lerne voltigieren

Die Deutsche Bibliothek – CIP-Einheitsaufnahme

Damsen, Birgit van:
Ich lerne voltigieren / Birgit van Damsen. [Zeichn.: Dörte
Bökemeier und Romo Schmidt]. – München : F. Schneider,
1996
    ISBN 3-505-10268-7

Dieses Buch wurde auf chlorfreies,
umweltfreundlich hergestelltes
Papier gedruckt.

© 1996 by Franz Schneider Verlag GmbH
Schleißheimer Straße 267, 80809 München
Alle Rechte vorbehalten
Titelfoto und Fotos im Innenteil: Sabine Stuewer
Umschlaggestaltung: Claudia Wolfrath
Zeichnungen: Dörte Bökemeier und Romo Schmidt (Seite 19)
Lektorat: Carola Nowak
Herstellung: Gabi König
Satz: FIBO Lichtsatz GmbH, München, 12˙ Garamond
Druck/Bindung: Tiskarna Ljudske pravice, Ljubljana, Slowenien
ISBN: 3-505-10268-7

INHALT

Voltigieren ist heute vor allem bei jungen Leuten beliebt

Voltigieren – eine tolle Sache!

Schon immer hat es die Menschen gereizt, Pferde nicht nur zu reiten, sondern auf ihrem Rücken auch die verschiedensten Kunststücke zu vollbringen. Das reicht von der tollkühnen Reiterei der Kosaken bis zu der wagemutigen Akrobatik, wie wir sie aus dem Zirkus kennen. Voltigieren nennt man solche Künste aber erst seit etwa zweihundert Jahren. In der berittenen Armee, der sogenannten Kavallerie, hatte das Voltigieren vor allem den Zweck, junge Soldaten möglichst schnell „sattelfest" zu machen. Ehemalige Kavalleristen waren es dann auch, die vor rund siebzig Jahren zuerst auf die Idee kamen, Kindern und Jugendlichen das Voltigieren beizubringen. Denn zuvor war das Voltigieren ausschließlich eine Sache für Erwachsene. Von nun an wurde der Voltigiersport aber auch bei jungen Leuten immer beliebter, und heute ist er für pferdebegeisterte Mädchen und Jungen der ideale Einstieg zum Reiten. Voltigieren ist aber nicht nur eine gute Vorbereitung für angehende Reiter, sondern auch eine eigenständige Sportart, in der viele Wettkämpfe ausgetragen werden – vom Spielgruppenwettbewerb bis hin zu Weltmeisterschaften.

Was ist Voltigieren?

Voltigieren bedeutet Turnen am und auf dem Pferd. Das Pferd läuft hierbei linksherum auf einer Kreislinie, dem sogenannten Zirkel, und wird von einer langen Leine, der Longe, gehalten. Voltigiert wird überwiegend im Schritt oder im Galopp, der Trab eignet sich wegen der „werfenden" Bewegungen des Pferdes nicht so gut für diese Sportart. Es ist schon schwierig genug, auf einem trabenden Pferd ruhig zu sitzen – und noch viel anstrengender ist es, auf ihm zu turnen! Ähnlich wie beim Eiskunst-

laufen gibt es auch beim Voltigieren eine Pflicht und eine Kür. Die sechs Pflichtübungen heißen Grundsitz, Fahne, Mühle, Schere, Stehen und Flanke. Diese Übungen turnt jeder Voltigierer einzeln. Hinzu kommen zahlreiche Kürübungen, bei denen sich ein oder zwei, höchstens aber drei Voltigierer gleichzeitig auf dem Pferd befinden. Es gibt sogenannte statische und dynamische Übungen. Bei den statischen Übungen nimmt der Voltigierer eine bestimmte Körperhaltung ein, die er in der Pflicht für die Dauer von vier Galoppsprüngen und in der Kür drei Galoppsprünge lang unverändert beibehalten muß. Zu den dynamischen Übungen zählen Schwung- und Sprungbewegungen sowie solche Übungen, bei denen der Voltigierer Körperdrehungen ausführt.

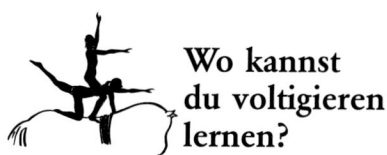

Wo kannst du voltigieren lernen?

Voltigieren kannst du fast in jedem Reitverein oder Reitclub lernen. Allein in Deutschland gibt es zur Zeit etwa 3000 Voltigiergruppen mit rund 50000 Voltigierern, und sicherlich gibt es auch in deiner Nähe Reitvereine, die Voltigierunterricht anbieten.

Bevor du dich aber zum Voltigieren anmeldest, solltest du die in Frage kommenden Voltigiergruppen erst einmal besuchen und dir den Unterricht genau anschauen: Wie wirkt der Voltigierlehrer auf dich? Kommandiert er die Voltigierer unentwegt herum, oder lobt er sie auch mal? Wie verhält sich das Voltigierpferd? Dreht es ruhig und gelassen seine Runden, oder ist es ängstlich und verspannt? Und wie benehmen sich die Voltigierer? Hast du den Eindruck, daß sie Spaß haben, oder wirken sie eher eingeschüchtert?

Ein guter Voltigierunterricht zeichnet sich dadurch aus, daß eine freundschaftliche Atmosphäre herrscht und der Ablauf gut organisiert ist. Die Voltigierer sind mit Freude und Eifer bei der Sache, und der Voltigierlehrer erklärt und korrigiert, ohne seine Schüler anzuschreien oder bloßzustellen. Das Voltigierpferd sollte gut ausgebildet und jederzeit zu kontrollieren sein, ohne daß es überfordert oder grob behandelt wird.

Du solltest dich immer für diejenige Gruppe entscheiden, in der du dich am wohlsten fühlst und ohne Druck lernen kannst – auch wenn diese Gruppe vielleicht im Moment „ausgebucht" ist und du erst einmal auf eine Warteliste gesetzt wirst. Habe

Die meisten Reitvereine haben Voltigieren in ihrem Ausbildungsprogramm

13

ein wenig Geduld! Meist dauert es nicht lange, bis du aufgenommen werden kannst.

Viel Spaß für wenig Geld

Was viele nicht wissen: Voltigierunterricht ist bei weitem nicht so teuer wie Reitunterricht! Deshalb ist das Voltigieren eine prima Möglichkeit, für wenig Geld auf dem Pferderücken und mit Gleichgesinnten jede Menge Spaß zu haben. Natürlich ist der Preis von Verein zu Verein unterschiedlich, aber in der Regel kostet eine Voltigierstunde etwa fünf Mark. Hinzu kommen meist noch eine einmalige Aufnahmegebühr und ein Jahresbeitrag für den Reitverein oder Reitclub, in dem du voltigierst. Diese Kosten sind aber für Jugendliche nicht allzu hoch und liegen meist bei ungefähr hundert Mark.

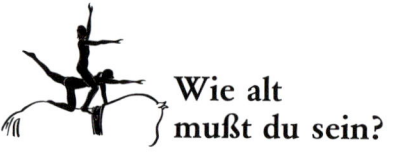

Wie alt mußt du sein?

In welchem Alter du mit dem Voltigieren beginnen kannst, hängt vor allem von der Größe des jeweiligen Voltigierpferdes ab. Eine Faustregel besagt nämlich, daß du für das Voltigieren alt genug bist, wenn du den inneren Griff des Voltigiergurtes umfassen kannst, ohne dich dabei auf die Zehenspitzen zu stellen. Einige Vereine setzen für Anfängergruppen Ponys oder Kleinpferde ein, so daß schon Sechs- und Siebenjährige aufgenommen werden können. Bei größeren Voltigierpferden liegt das Mindestalter allerdings bei etwa acht Jahren.

In der Gruppe kannst du bis zum achtzehnten Lebensjahr

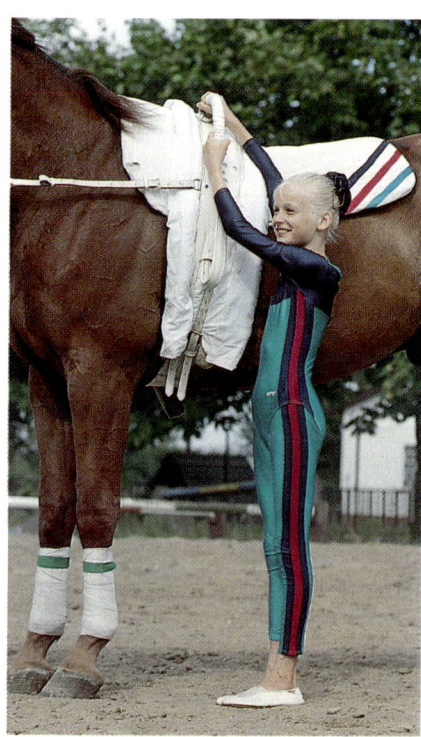

Wenn du mit beiden Händen den inneren Griff des Voltigiergurtes erreichen kannst, bist du fürs Voltigieren alt genug

voltigieren – vorausgesetzt, daß du dich nicht schon vorher ganz aufs Reiten verlegt hast. Wenn du dann immer noch nicht „umsatteln" möchtest und im Voltigieren besonders gut bist, kannst du als Doppel- oder Einzelvoltigierer weitermachen. Natürlich trainierst du dann weiterhin im Team, aber bei Wettbewerben dürfen volljährige Voltigierer nur noch allein oder zu zweit starten.

Deine Ausrüstung

Ein spezielles Voltigiertrikot brauchst du erst dann, wenn du an Vorführungen und Turnieren teilnimmst. Du mußt es dir aber nicht kaufen, denn die Trikots werden vom jeweiligen Verein zur Verfügung gestellt.
Zum Trainieren reicht eine lange elastische Gymnastikhose völlig aus. Jeans sind nicht geeignet, weil sie dich in der Bewegung einengen. Im Sommer kannst du auch kurze Hosen, zum Beispiel Shorts, anziehen. Als Oberteil trägst du je nach Jahreszeit ein T-Shirt, ein Sweatshirt oder einen Pullover. Es sollte auf jeden Fall bequem, aber nicht zu

weit sein. Das T-Shirt steckst du am besten in die Hose, damit es dich beim Turnen nicht behindert. Pullis sollten aus dem gleichen Grund mit der Taille abschließen. Ideal sind kurz- oder langärmelige Gymnastikanzüge. Jacken sind dagegen ungeeignet, weil du mit den Knöpfen oder mit dem Reißverschluß am Voltigiergurt hängenbleiben kannst. Das gleiche gilt für Kleidungsstücke mit Zugbändchen oder Kapuzen. An den Füßen trägst du Gymnastikschuhe, die eine elastische Sohle haben müssen. Turnschuhe sind zu schwer und zu plump zum Voltigieren. Außerdem können die Schnürsenkel zur gefährlichen Falle werden, wenn sie sich öffnen und du womöglich damit hängenbleibst.
Die Voltigierausrüstung muß also zweckmäßig sein und Verletzungsquellen ausschlie-

Mit einem Gymnastikanzug und Gymnastikschuhen bist du fürs Voltigiertraining gut gerüstet

ßen. Deshalb haben Ketten, Armreifen, Ohrringe und anderer Schmuck beim Voltigieren nichts zu suchen. Armbanduhren werden vor dem Unterricht eingesammelt und in einem Kästchen aufbewahrt.

Vergiß aber nicht, deine Uhr wieder abzuholen!

Auch mit langen und offenen Haaren kannst du dich verfangen und dir weh tun. Wenn du also lange Haare hast, flichtst du dir am besten lustige Zöpfe oder frisierst dir einen frechen Pferdeschwanz.

Lange Haare stören beim Voltigieren nur. Du solltest sie so zusammenbinden, daß du nirgendwo hängenbleiben kannst

Wußtest du, daß ...

... das Voltigieren eine der ältesten Sportarten ist?
Schon im alten Rom gehörte das Voltigieren genauso zur
Ausbildung der jungen Römer wie das Reiten, das Fechten,
das Ringen oder der Speerwurf. Bei den altrömischen Spielen
wurden neben Pferde- und Wagenrennen auch akrobatische
Übungen auf dem galoppierenden Pferd durchgeführt.

... das Voltigieren im Mittelalter Teil der Körperschulung an
den Ritterakademien war? Unter der Bezeichnung „Roßsprin-
gen" sprangen die Ritter in voller Rüstung aufs Pferd!

... das Voltigieren unter dem Namen „Kunstreiten" bei den
Olympischen Spielen 1920 in Antwerpen das erste und einzige Mal olympische Disziplin war? Junge Kavalleristen führ-
ten damals Einzel- und Mannschaftswettbewerbe durch.

... sich das Voltigieren als selbständige Reitsportdisziplin mit
eigenen Regeln und Turnieren erst in den 50er und 60er Jahren entwickelt hat? Die ersten offiziellen Wettkampfbestim-
mungen wurden 1964 verfaßt, und 1990 wurde das Voltigieren
als gleichrangige Reitsportdisziplin neben Reiten und Fahren
in die Satzung der Deutschen Reiterlichen Vereinigung aufgenommen.

... der Voltigiersport überwiegend von Mädchen ausgeübt
wird? Offenbar liegt ihnen diese Sportart eher als den Jungen.

... es im Voltigiersport lange Zeit eine Altersgrenze gab, die bei
21 Jahren lag? Heute können auch junge Erwachsene in Ein-
zelwettbewerben so lange weitervoltigieren, wie sie möchten.

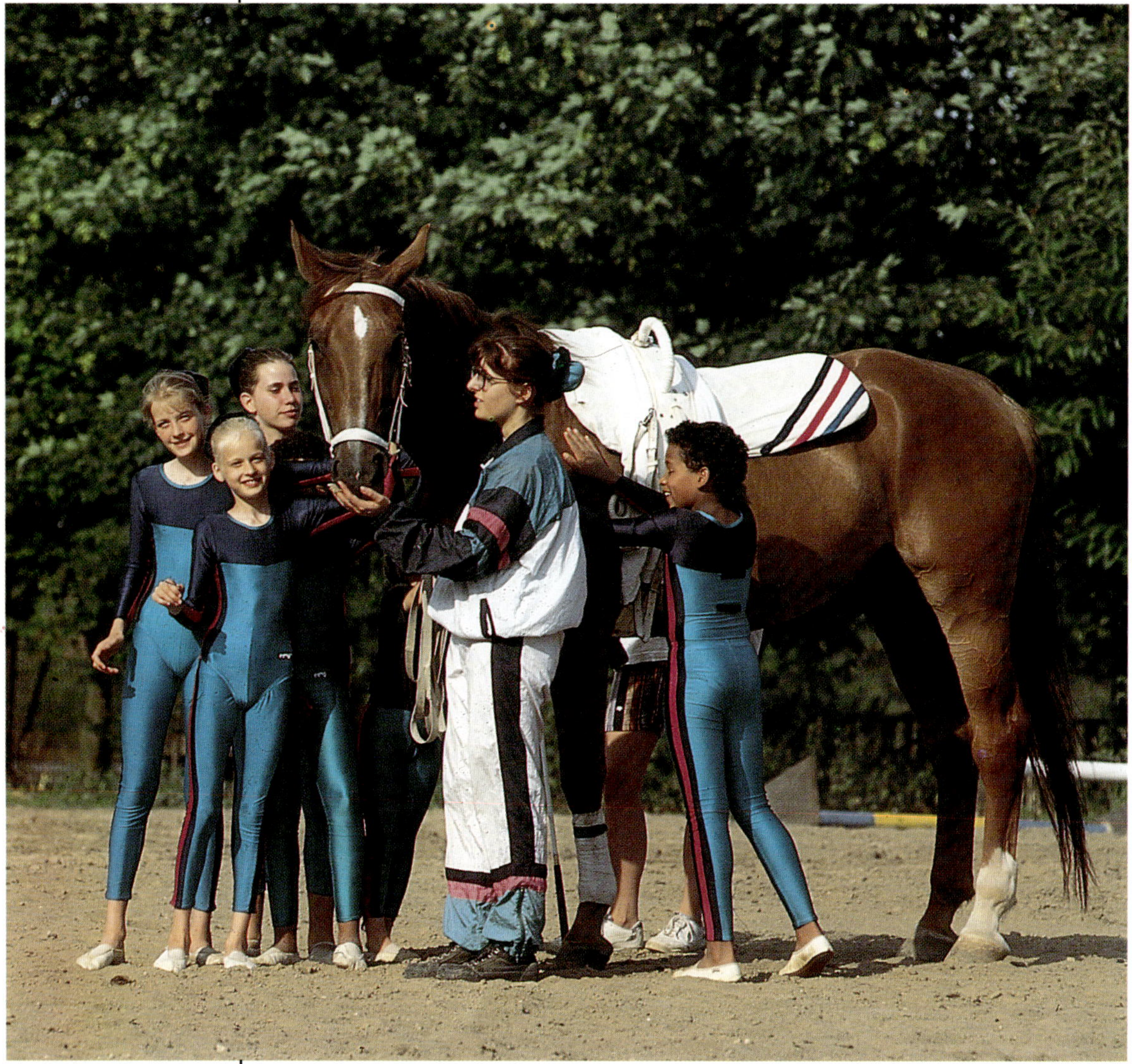

Ein Voltigierpferd muß geduldig und umgänglich sein

Das Voltigierpferd

Im Mittelpunkt des Voltigierens steht natürlich das Pferd: warm, weich und ständig in Bewegung – also kein Sportgerät wie das Reck oder der Barren, sondern ein lebendiges Wesen, das genau wie du Gefühle hat.

Wie jedes andere Lebewesen, kann auch das Voltigierpferd mal nervös, mürrisch, krank oder müde sein. Es ist eben kein Roboter, der in jeder Voltigierstunde die gleiche Leistung erbringt. Das darfst du nie vergessen!

Welche Pferde sind geeignet?

Ein Voltigierpferd muß nicht besonders schön sein, es muß keiner bestimmten Rasse angehören und keine spezielle Farbe haben. Viel wichtiger sind sein liebenswerter Charakter und sein ausgeglichenes Temperament. Im Umgang soll es gutmütig und geduldig sein. Es muß schwungvoll und gleichmäßig galoppieren können, und sein Körperbau soll gewisse Voraussetzungen erfüllen. So braucht ein Voltigierpferd vor allem eine unempfindliche Rücken- und Flankenpartie; kitzlige Pferde sind zum Voltigieren nicht geeignet. Außerdem muß es eine kräftige Hinterhand, einen muskulösen Hals sowie gesunde Beine und Hufe haben, um auch das Gewicht von mehreren Voltigierern gleichzeitig tragen zu können. Der Widerrist sollte gut ausgeprägt sein, damit der Voltigiergurt nicht nach vorne rutschen kann. Die Kruppe soll wie der Rücken

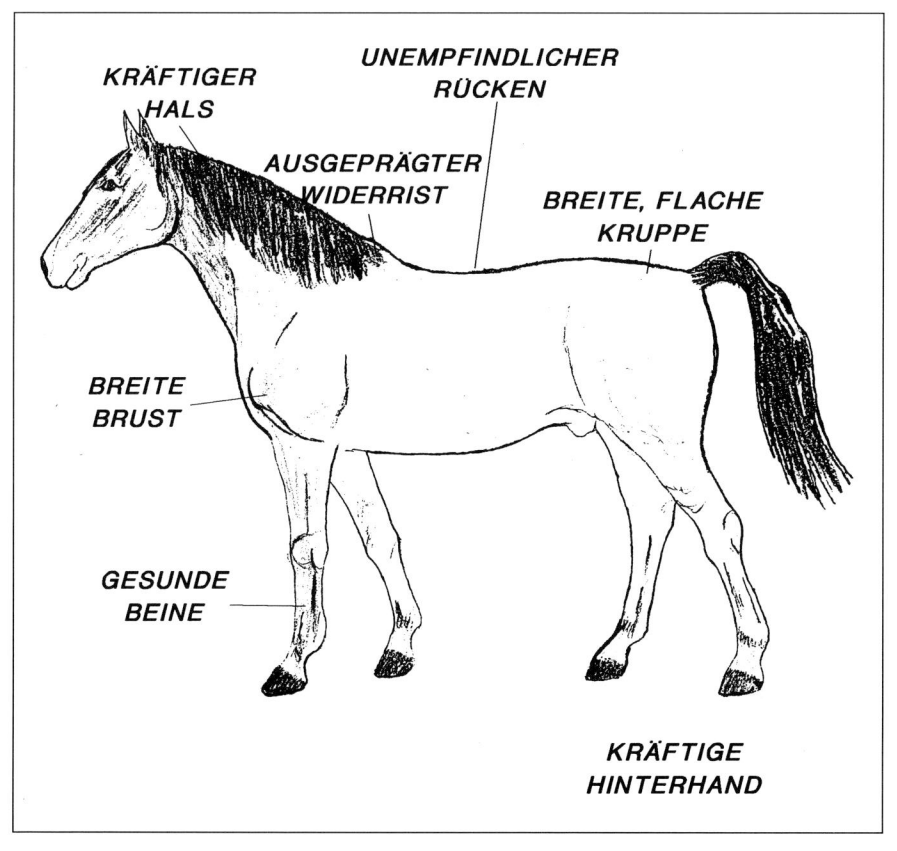

KRÄFTIGER HALS

UNEMPFINDLICHER RÜCKEN

AUSGEPRÄGTER WIDERRIST

BREITE, FLACHE KRUPPE

BREITE BRUST

GESUNDE BEINE

KRÄFTIGE HINTERHAND

Das ideale Voltigierpferd

breit und flach sein, denn auf einem kompakt und kräftig gebauten Pferd ist das Voltigieren einfacher als auf einem knöchrigen „Spargeltarzan".

Du siehst: Von einem Voltigierpferd wird viel verlangt. Deshalb ist es auch oft nicht einfach, ein geeignetes Pferd zu finden, das alle Voraussetzungen erfüllt und genug Kraft und Ausdauer hat.

Das Voltigieren ist aber nicht nur eine anstrengende Arbeit für das Pferd, sondern führt auch zu einer sehr einseitigen Belastung. Denn Voltigierpferde müssen fast immer linksherum auf dem Zirkel galoppieren. Darum brauchen sie unbedingt Bewegungsausgleich und Abwechslung, zum Beispiel durch lockere Ausritte ins Gelände und durch Freilauf auf der Koppel.

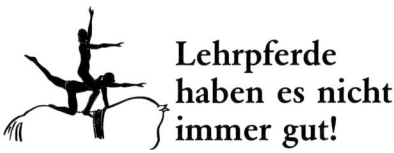

Lehrpferde haben es nicht immer gut!

Das Leben von Voltigierpferden sieht aber leider oft anders aus. Denn viele von ihnen werden auch im Reitbetrieb eingesetzt, und wenn sie nicht gerade in staubigen Reithallen arbeiten müssen, stehen sie meist in kleinen,

dunklen Boxen. In einigen Ställen gibt es sogar noch die besonders pferdefeindlichen Ständer, in denen die Pferde angebunden sind. In diesen Ständern können sie sich nicht einmal richtig hinlegen und müssen den größten Teil ihres Lebens auf eine kahle Wand starren. So gehaltene Pferde kennen meist keinen Koppelgang – ebensowenig wie das schöne Gefühl, sich nach Herzenslust zu wälzen. Durch schlechte Luft im Stall, falsche Fütterung und einseitige Belastung werden sie nicht selten krank, und die unendliche Langeweile sowie der fehlende Kontakt zu Artgenossen läßt sie seelisch verkümmern.

Immer noch sind manche Menschen der Ansicht, daß reine Boxen- oder Ständerhaltung nicht schlimm sei, solange die Pferde ausreichend longiert oder geritten würden. Das stimmt nicht! Pferde brauchen sehr viel mehr als nur die Bewegung unter dem Sattel oder an der Longe, um körperlich und seelisch fit zu bleiben. Sie benötigen genügend Licht und frische Luft, sie müssen sehen, hören und riechen können, was um sie herum geschieht, und sie müssen die Möglichkeit haben, sich auch mal frei und ohne Zwang bewegen zu können. Die Behauptung, daß Pferde durch die freie Bewegung auf der Koppel oder im Auslauf während der Arbeit faul und träge würden, ist völliger Unsinn. Denn die Erfahrungen haben gezeigt, daß gerade diese Pferde wesentlich aufmerksamer und leistungsbereiter sind als Boxen- oder Ständerpferde. Es muß ja nicht gleich ein Offenstall sein. Eine große Box mit Fenster und täglicher, mehrstündiger Weidegang sind auch schon sehr hilfreich, und der kleinste Auslauf ist besser als keiner. Doch leider gibt es noch viel zu wenige Reitbetriebe, die die natürlichen Lebensgewohnheiten der Pferde berücksichtigen und die Tiere ihren Bedürfnissen entsprechend artgerecht halten. Besonders die Lehrpferde haben darunter zu leiden!

 „Armer Beppo!“

Auch Beppo war solch ein armes Pferd, das sein Dasein im Ständer fristen mußte. Viele Jahre lang hatte er geduldig seinen Dienst als Voltigierpferd geleistet, ohne auch nur einmal auf einer Weide gewesen zu sein. Eines Tages machten dann Beppos Beine nicht mehr mit: Jeder Galoppsprung bereitete ihm Schmerzen, doch darauf wurde kaum Rücksicht genommen. Als Voltigierpferd für die Turniergruppe hatte Beppo jetzt

Jedes Pferd muß Gelegenheit haben, sich täglich mindestens einige Stunden lang frei bewegen zu können

zwar ausgedient, aber für die Voltigieranfänger wurde er immer noch eingesetzt. So mußte er weiterhin Runde für Runde gehen, und bald schon drohte er mit angelegten Ohren, wenn man ihn aus dem Ständer holen wollte. Nicht etwa, weil er sich dort so wohl fühlte, sondern weil er Angst vor den Schmerzen beim Laufen hatte. Am Anfang konnte man ihn noch mit einer Möhre oder einem Stück Brot überlisten, doch irgendwann war die Furcht vor dem Schmerz größer als die Freude über einen Leckerbissen.

Und dann passierte folgendes: Ich ging in seinen Ständer, sprach ihn an und hielt ihm einen Apfel hin, aber der interessierte ihn nicht. Mit gebleckten Zähnen ging Beppo auf mich los und biß zu. Gottlob war es Winter, und so hatte er nur meinen dicken Pullover erwischt. Instinktiv machte ich eine Rückwärtsbewegung, und als die Kette, an der Beppo festgebunden war, nicht weiter nachgab, ließ er meinen Pullover los. Ich machte eine Rolle rückwärts und landete in der Stallgasse. Meine Voltigierschüler waren fassungslos, und wir beschlossen, die Stunde ausfallen zu lassen.

Beppos Zustand verschlechterte sich von Tag zu Tag, und eines Morgens war sein Ständer leer. Nur sein abgenutztes Halfter lag noch im Futtertrog, und es war immer noch die Kette daran befestigt, die ihn hier so entsetzlich lange Zeit wie einen Sklaven gefangengehalten hatte. Ein Pferdepfleger kam vorbei und sagte grinsend, daß Beppo nun im „Pferdehimmel" sei. Das bedeutete nichts anderes, als daß er vom Pferdemetzger abgeholt worden war. Mir lief es kalt den Rücken herunter bei so viel Gefühllosigkeit. Ein klein wenig tröstete mich nur der Gedanke, daß Beppo nun sein Leid überstanden und wenigstens keine Schmerzen mehr hatte.

Zum Glück wechselte kurz nach Beppos Tod der Vereinsvorstand. Der neue Vorstand brachte etwas mehr Verständnis für die Bedürfnisse der Lehrpferde auf und wandelte zumindest die Ständer in Boxen um. So blieb Beppos Nachfolger wenigstens dieses Leid erspart!

 **Pferde verstehen**

Wenn du mit Pferden richtig umgehen möchtest, mußt du

ihre Verhaltensweisen und ihre „Sprache" kennenlernen. Um sie nicht falsch oder ungerecht zu behandeln, solltest du zunächst einmal wissen, daß Pferde Fluchttiere sind. In Freiheit konnten sie nur überleben, indem sie bei Gefahr schnell wegliefen. Auch unsere heutigen Hauspferde versuchen zu fliehen, wenn sie vor etwas erschrecken oder sich fürchten. Hierfür darf man sie nie bestrafen, denn dieses Verhalten ist angeboren! Vielmehr sollte man versuchen, dem Pferd durch ruhiges Sprechen und Streicheln die Angst zu nehmen. Können Pferde nicht flüchten – zum Beispiel, weil sie angebunden sind –, dann versuchen sie sich manchmal durch Tritte zu wehren. Deshalb darfst du nie plötzlich von hinten an ein Pferd herantreten, ohne es vorher anzusprechen. Es könnte erschrecken und nach dir ausschlagen! Außerdem solltest du wissen, daß Pferde anders sehen, hören und riechen als Menschen. Sie haben fast einen „Rundumblick" und nehmen vor allem Gegenstände, die sich bewegen, eher wahr als wir. Auch das Gehör und der Geruchssinn sind bei Pferden wesentlich feiner als beim Menschen. Wenn ein Pferd also plötzlich ängstlich oder nervös wird, hat das immer seinen Grund – auch wenn du ihn nicht gleich herausfindest. Daran solltest du immer denken!
Um richtig mit Pferden umzugehen, mußt du auch ihre „Sprache" verstehen.

Auch unsere Hauspferde ergreifen bei Gefahr die Flucht

23

Das Wiehern hat je nach Tonlage unterschiedliche Bedeutungen: Dumpf und erwartungsvoll klingt es vor dem Füttern, freundlich und hell zur Begrüßung, schrill und durchdringend bei Gefahr oder Furcht. Hinzu kommt das mißtönende Quietschen bei einer zu aufdringlichen Berührung eines Artgenossen. Lautes Schnauben ist häufig ein Zeichen von Lebensfreude, kann aber auch als Warnsignal dienen, wenn Gefahr droht.
Doch Pferde verständigen sich nicht nur durch Laut-

Ein freundlicher Gesichtsausdruck mit gespitzten Ohren und ruhigem Auge

äußerungen. Sie haben auch eine ausgeprägte Körpersprache, durch die sie ihre Gefühle mitteilen. So kannst du am Gesichts- und Augenausdruck, am Ohrenspiel sowie an der Körper- und Schweifhaltung erkennen, in welcher Stimmung sich ein Pferd gerade befindet: Bei Aufregung oder Panik trägt es den Schweif hoch erhoben, die Augen sind weit aufgerissen, so daß das Weiße zum Vorschein kommt, und die Nüstern sind gebläht. Droht ein Pferd, so legt es die Ohren weit zurück und zieht die Maulwinkel nach oben, wodurch die Nüstern eine merkwürdige längliche Form bekommen. Nach vorn gespitzte Ohren, ruhige Augen und ein entspannter Gesichtsausdruck deuten dagegen auf Gutwilligkeit, Aufmerksamkeit und Neugier hin. Bei Angst und Mißtrauen wirkt das Pferd verspannt, der Schweif wird eingeklemmt, und die Ohren sind zur Seite abgekippt. Müde Pferde lassen dagegen Ohren und Schweif schlaff hängen, der Kopf ist gesenkt, und die Augen sind halb geschlossen.
Das sind aber nur wenige Beispiele für die Ausdrucksweisen der Pferde. Wenn du

mehr über sie erfahren willst, solltest du Pferde über einen längeren Zeitraum beobachten – am besten an einer Koppel. Da siehst du genau, wie sie sich miteinander „unterhalten". Zusätzlich ist es empfehlenswert, ein gutes Sachbuch über dieses Thema zu lesen. Darin findest du Informationen über die Gründe und Absichten der jeweiligen Verhaltensweisen. Und die solltest du kennen, denn die meisten Probleme im Umgang mit Pferden entstehen durch mangelnde Kenntnisse, Mißdeutungen und Fehler der Menschen.

Vertrauen durch Pferdepflege

Das Putzen dient nicht nur dazu, das Pferd von Schmutz und Staub zu befreien. Es ist auch eine gute Gelegenheit, Vertrauen zu ihm zu bekommen. Das ist für das Voltigieren sehr wichtig, denn je mehr du dem Voltigierpferd vertraust, desto ungezwungener kannst du dich auf ihm bewegen.

Die Pferdepflege ist bei den Voltigierern sehr beliebt, aber natürlich können nicht alle gleichzeitig an dem Voltigierpferd herumbürsten. Das würde selbst das ruhigste Pferd auf Dauer nervös machen. Deshalb werden immer nur zwei Voltigierer zum Putzen eingeteilt. Einer davon sollte schon wissen, wie man dabei richtig vorgeht, damit er den anderen anlernen kann. Und so wird's gemacht:

Zunächst wird das Pferd mit einem Stallhalfter sicher

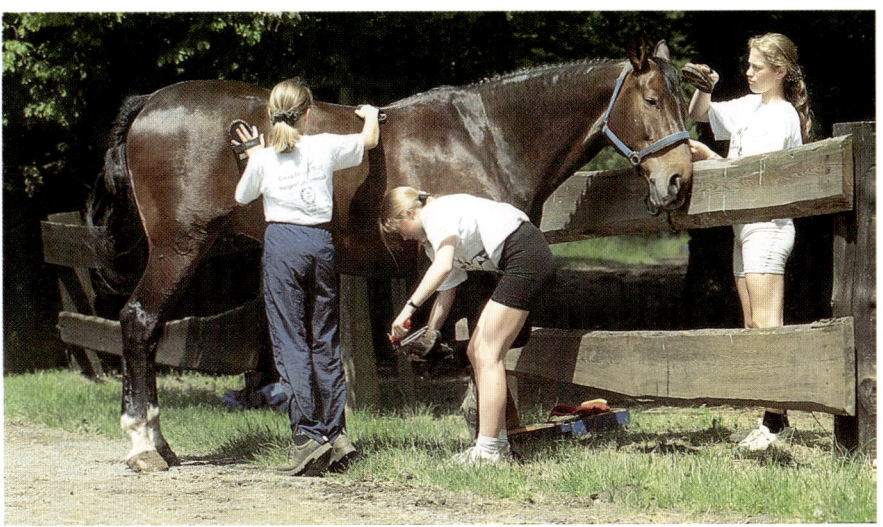

Durch das Putzen kannst du das Voltigierpferd kennenlernen und ein Vertrauensverhältnis schaffen

angebunden – nicht zu kurz, aber auch nicht so lang, daß es in den Anbindestrick treten kann.

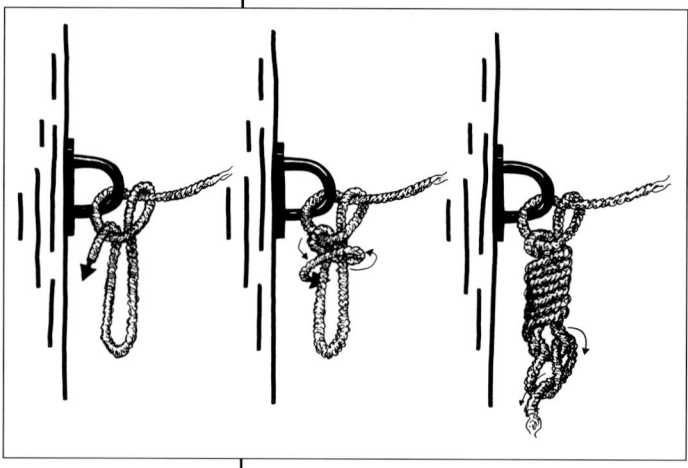

So wird das Pferd richtig angebunden. Diese Verknotung des Anbindestricks ist im Ernstfall leicht zu lösen

Geputzt wird auf beiden Seiten, und zwar stets von vorne nach hinten.
Zuerst steht das Striegeln auf dem Programm. Hierzu nimmst du einen Kunststoff- oder Hartgummistriegel und lockerst den Schmutz im Fell durch kräftige, kreisende Bewegungen, bis der Staub an die Oberfläche kommt. Es dürfen aber nur bemuskelte Körperteile gestriegelt werden! Empfindliche Stellen wie beispielsweise den Kopf, den Widerrist und die Beine mußt du hierbei aussparen.
Nach dem Striegeln nimmst du die Kardätsche, eine weiche Bürste mit dichten, feinen Borsten. Wenn du auf der linken Pferdeseite stehst, hältst du die Kardätsche in der linken und den Striegel in der rechten Hand; auf der rechten Seite verfährst du genau umgekehrt. Nun putzt du mit langen, gleitenden Strichen den gelösten Staub aus dem Fell – immer dem Fellstrich, also der natürlichen Wuchsrichtung der Haare, folgend. Nach etwa jedem dritten Strich streifst du die Kardätsche am Striegel ab und klopfst diesen auf dem Boden aus. Versteckt gelegene Körperstellen wie zum Beispiel das Fell unter der Mähne darfst du hierbei nicht vergessen.
Beim Putzen des Kopfes mußt du besonders behutsam vorgehen! Bürste mit der Kardätsche vorsichtig die Stirn, den Nasenrücken und die Backen ab und reinige anschließend mit einem feuchten Schwamm die Maulwinkel und die Nüstern.
Die Schweif- und Mähnenhaare werden zunächst mit der Hand verlesen. So nennt man es, wenn man die Haare behutsam auseinanderzupft und entwirrt. Anschließend bürstest du Mähne und Schweif vorsichtig durch. Hierbei solltest du stets eine Hand oben auf den Haaransatz legen, damit du nicht unnötig an den Haaren

ziehst oder sie gar herausreißt.

Schließlich müssen noch die Hufe ausgekratzt werden. Zum Aufheben des Hufes umfaßt du das Pferdebein oberhalb des Hufes und sagst deutlich: „Huf!" Nun räumst du mit dem Hufkratzer die Hufsohle von oben nach unten gründlich, aber vorsichtig aus. Setze das Pferdebein dann langsam wieder auf dem Boden ab. Wenn du es einfach fallen läßt, tut das nicht nur dem Pferd weh, sondern unter Umständen auch dir – nämlich dann, wenn der Huf aus Versehen auf deinem Fuß landet.

Die Ausrüstung des Pferdes

Nachdem das Pferd blitzblank saubergeputzt wurde, wird es zum Voltigieren hergerichtet. Zu einer ordnungsgemäßen und vollständigen Ausrüstung gehören folgende Dinge:
● Trensenzaum
● Voltigiergurt
● Gurtunterlage und Voltigierdecke
● zwei Ausbindezügel
● Bandagen
● Longe und Longierpeitsche

Das **Zaumzeug** des Voltigierpferdes soll mit einem möglichst dicken Trensengebiß und mit einem Reithalfter versehen sein. Das Reithalfter ist ein zusätzliches Kopfstück mit einem Kinn- und einem Nasenriemen. Es verhindert, daß das Pferd sein Maul zu weit öffnet, und sorgt so dafür, daß die Trensenringe beim Longieren nicht durch das Pferdemaul gezogen werden können.

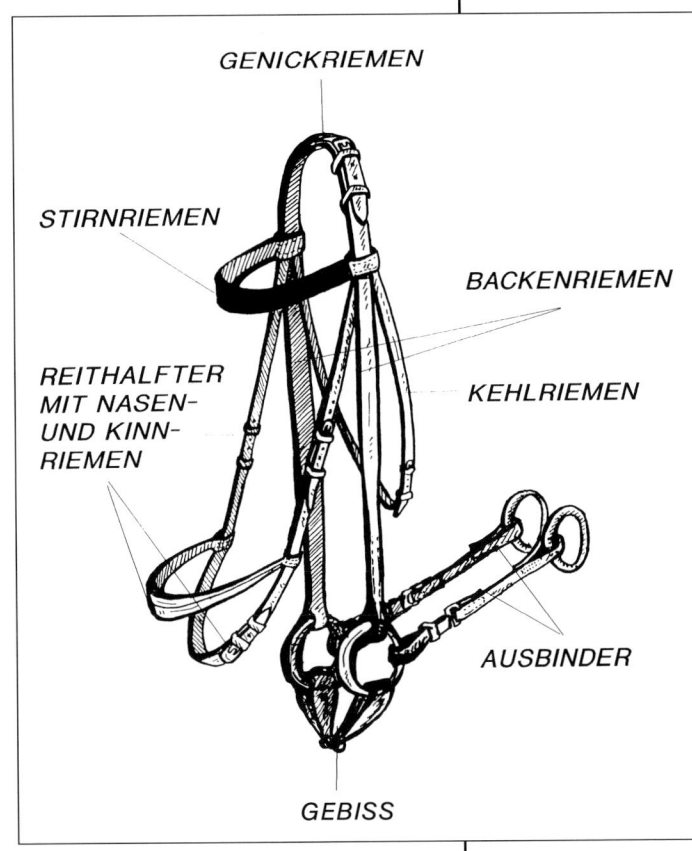

Trensenzaum mit Reithalfter

Der **Voltigiergurt** ist mit zwei stabilen Griffen, einer Halteschlaufe zwischen den

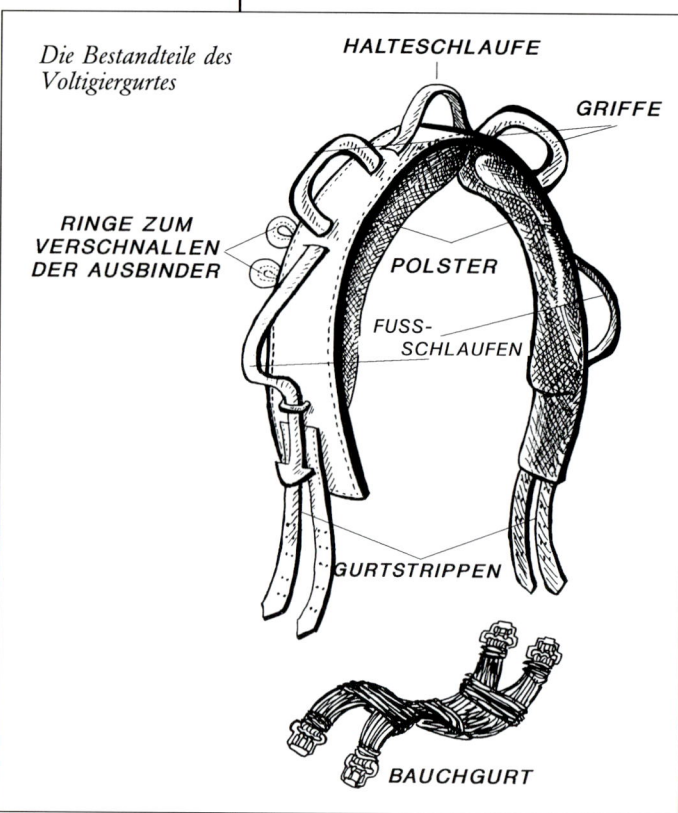

Die Bestandteile des Voltigiergurtes

HALTESCHLAUFE

GRIFFE

RINGE ZUM
VERSCHNALLEN
DER AUSBINDER

POLSTER

FUSS-
SCHLAUFEN

GURTSTRIPPEN

BAUCHGURT

Die **Gurtunterlage** ist in der Regel aus Schaumgummi und soll das Pferd vor Druck- und Scheuerstellen schützen. Deshalb muß sie so lang sein, daß sie über die ganze Auflagefläche des Gurtes bis unter den Bauch reicht. Am besten ist es, wenn die Unterlage am Gurt befestigt ist. Dann kann sie nicht so leicht verrutschen. Seit einigen Jahren ist auch eine zusätzliche **Voltigier-decke** erlaubt, die den Pferderücken schont und den Voltigierern das Turnen einiger Übungen erleichtert. Zügel, wie sie beim Reiten verwendet werden, braucht ein Voltigierpferd nicht. Dafür wird auf jeder Seite ein **Ausbindezügel** in den Trensenring eingeschnallt. Die Ausbinder haben in der Mitte einen eingenähten Gummiring, der elastisch ist und dadurch den Druck aufs Pferdemaul mindern soll. Sie verlaufen vom Trensenring zum Voltigier-gurt und bewirken, daß das Pferd den Kopf nicht plötzlich hochreißen und dabei den Rücken durch-drücken kann.

Bandagen sind lange, elasti-sche Binden, die um die Vorderbeine gewickelt wer-den. Sie dienen als Schutz vor Verletzungen.

Ein Voltigierpferd mit korrekter Aus-rüstung. Besonders hübsch sieht es aus, wenn alle Teile farb-lich zusammenpassen

Griffen und zwei Fußschlau-fen an beiden Seiten ausge-stattet. Er soll gut gepolstert sein und nicht auf dem Widerrist aufliegen.

Schließlich gehören zum Voltigieren noch eine **Longe** und eine **Longierpeitsche**. Die Longe ist eine Leine aus festem Gurtband, die mindestens sieben Meter lang sein muß. Die Longierpeitsche soll möglichst leicht und zerlegbar sein und eine Länge von drei Metern haben.

Aufzäumen, Aufgurten und Bandagieren

Das Aufzäumen, Aufgurten und Bandagieren ist Aufgabe der Voltigierer. Wie beim Putzen sollten auch hier jeweils zwei Leute bestimmt werden, die sich gegenseitig helfen können.

Von der korrekt angelegten und verschnallten Ausrüstung hängt es ab, ob das Voltigierpferd sich wohl fühlt. Denn jedes Kneifen, Drücken oder Zwicken am Kopf, am Bauch oder an den Beinen ist dem Pferd unangenehm. Wenn ein Ausrüstungsteil nicht richtig sitzt, wird das Pferd deutlich sein Unbehagen zeigen, indem es nicht im Takt läuft, seinen Rücken verspannt oder mit dem Schweif schlägt. Das kann dir den Spaß am Voltigieren gründlich vermiesen! Damit das Pferd nicht leidet und

du ungestört auf ihm turnen kannst, solltest du wissen, wie man beim Anlegen der Ausrüstung vorgehen muß und worauf es ankommt. Man beginnt am besten mit dem **Bandagieren**, weil das am längsten dauert. Das Pferd muß ja währenddessen nicht schon aufgegurtet und aufgetrenst herumstehen! Das richtige Anlegen der Bandagen ist eine Kunst für sich und will geübt sein. Denn wenn man zu locker wickelt, können die Bandagen verrutschen oder sich sogar lösen. Dadurch kann das Pferd stolpern – und das ist für alle Beteiligten sehr gefährlich! Aber auch zu festes Anlegen der Bandagen ist schlecht, weil hierdurch die Durchblutung des Pferdebeins gehemmt wird.

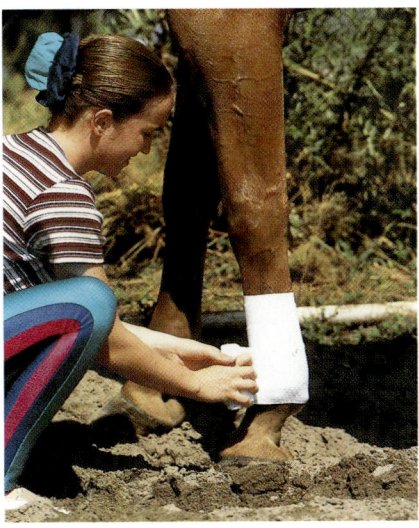

Richtiges Bandagieren will geübt sein

Du beginnst mit dem Bandagieren unterhalb des Karpalgelenkes, das sich in der Mitte des Vorderbeines befindet, und zwar an der Außenseite des Beins. Dann wickelst du mit gleichmäßigem Zug herunter bis über den halben Fesselkopf. So nennt man das Gelenk oberhalb des Hufs. Anschließend führst du die Bandagenrolle wieder nach oben. Halte sie dabei ganz dicht am Bein und achte darauf, daß sie keine Falten schlägt. Die beiden kleinen Bänder am Ende der Bandage werden am Schluß jeweils einmal um das Pferdebein geführt – das eine Band rechtsherum und das andere linksherum.

Anschließend werden sie außen mit einer doppelten Schleife zusammengebunden, die Enden müssen unter die Bandage gesteckt werden.

Als nächstes folgt das **Aufgurten**, das man am besten zu zweit macht: Ein Voltigierer stellt sich auf die rechte, der andere auf die linke Pferdeseite. Dann wird der Gurt samt Unterlage von der linken Seite aus so auf den Pferderücken gelegt, daß die Griffe nach vorne zeigen und der Gurtrand mit den Schultern des Pferdes abschließt. Nachdem die Voltigierer auf beiden Seiten den korrekten Sitz von Gurt und Unterlage überprüft haben,

Nach dem Auflegen des Voltigiergurtes wird der Bauchgurt von der rechten Seite unter dem Pferd hindurchgereicht ...

... und dann locker verschnallt

wird der Bauchgurt unter dem Bauch hindurchgereicht und auf der linken Seite verschnallt. Bitte den Gurt nicht gleich ganz fest anziehen – nur so weit, daß er nicht mehr verrutscht! Richtig festgegurtet wird erst kurz vor dem Voltigieren. Zum Schluß kommt das Zaumzeug an die Reihe. Damit das Pferd nicht weglaufen kann, streifst du ihm das Halfter, an dem es angebunden ist, über den Hals. Zum **Aufzäumen** stellst du dich mit Blickrichtung nach vorne auf die linke Seite des Pferdes. Dann umfaßt du mit der rechten Hand das Zaumzeug und greifst von unten um den Pferdekopf herum und über den Nasenrücken des Pferdes. Die linke Hand führt jetzt behutsam das Gebiß ins Pferdemaul ein. Bitte achte darauf, daß du dabei nicht gegen die Zähne schlägst. Öffnet das Pferd sein Maul nicht von selbst, so schiebst du den linken Daumen in den zahnlosen Teil des Pferdemauls. Das ist die Stelle, an der auch das Gebiß liegen soll. Die meisten Pferde öffnen das Maul, wenn man einen Finger dort hineinschiebt. Wenn das Pferd das Gebiß angenommen hat, ziehst du das Zaumzeug mit beiden

Mit der rechten Hand hältst du das Zaumzeug und führst mit der linken Hand das Gebiß ein

Dann ziehst du das Zaumzeug nach oben über die Pferdeohren

Der Kinnriemen wird so geschlossen, daß noch zwei Finger darunter passen, ...

... und der Kehlriemen so, daß noch eine Handbreit Platz ist

31

Händen vorsichtig nach oben über die Pferdeohren. Anschließend zupfst du die Schopfhaare unter dem Genickstück hervor und legst sie über den Stirnriemen. Vergewissere dich, daß alles glatt am Kopf liegt und nichts verdreht ist. Nun schließt du den Kinnriemen so, daß du noch zwei Finger zwischen ihn und den Pferdekopf schieben kannst. Achte bitte darauf, daß die Schnalle nicht direkt am empfindlichen Pferdemaul liegt! Der Kehlriemen muß so verschnallt werden, daß zwischen der Kehle des Pferdes und dem Riemen noch eine aufgestellte Hand Platz hat.

Für das korrekte Ausbinden ist die Voltigierlehrerin verantwortlich

Um das **Ausbinden** des Pferdes brauchst du dich nicht zu kümmern, das ist Sache des Voltigierlehrers. Meist hängen die Ausbindezügel ohnehin schon in der richtigen Einstellung am Gurt und müssen nur noch oberhalb der Longe in die Trensenringe eingehakt werden. Ausgebunden wird das Pferd aber nur während des Voltigierens, beim Führen hängen die Ausbindezügel in einer Schlaufe am Gurt.

Das Führen mit der Longe

Nun ist das Voltigierpferd startklar und kann zum Übungsplatz geführt werden. Auch das würden natürlich alle Voltigierer gerne übernehmen, aber führen kann leider nur einer.
Zum Führen wird die Longe in der Regel in den linken Trensenring eingehakt. Geführt wird immer von links: Deine rechte Hand faßt die Longe kurz unter dem Trensenring, wobei du auf keinen Fall einen Finger durch den Ring stecken darfst. Die linke Hand hält die in Schlaufen aufgewickelte Longe. Ganz wichtig ist hierbei, daß du die Longe niemals um deine Hand, dein Handgelenk oder

deine Finger wickelst! Denn wenn das Pferd einmal plötzlich losspringt, zieht sich die Longe mit einem Ruck zu, und du kannst sie nicht mehr loslassen. Im schlimmsten Fall schleift dich das Pferd dann hinter sich her und kann dich dabei schwer verletzen. Achte auch darauf, daß du die Longe mit der linken Hand stets hoch genug hältst. Sonst kann es passieren, daß du in die Schlaufen trittst, ins Stolpern kommst – und ehe du dich versiehst, liegst du auf der Nase! Lasse den Führarm, also deinen rechten Arm, nicht schlaff herunterhängen, sondern benutze ihn als eine Art „Führstange". So hast du immer genügend Abstand zu den Pferdebeinen, und das Pferd kann dir nicht so leicht auf die Füße treten. Außerdem kannst du auf diese Weise besser die Laufrichtung beeinflussen – denn die bestimmst du, nicht das Pferd! Geh immer auf der Höhe des Pferdekopfes und ziehe das Pferd nicht hinter dir her. Es kann nämlich passieren, daß es plötzlich schneller wird und dir von hinten in die Fersen tritt – und das kann ganz schön weh tun! Will das Pferd nicht vorwärts gehen, treibe es mit ein paar aufmuntern-

den Worten an. Läuft es zu hastig, sprich beruhigend mit ihm und zupfe ein- oder zweimal an der Longe. Versuche aber nie, es mit aller Kraft festzuhalten. Du würdest doch den kürzeren ziehen, weil das Pferd viel stärker ist als du. Wenn du also merkst, daß du mit dem Pferd nicht zurechtkommst oder es nicht halten kannst, sage rechtzeitig Bescheid. Es ist besser, das Führen einem erfahreneren Voltigierer zu

So wird ein Voltigierpferd an der Longe geführt: Die rechte Hand ergreift die Longe dicht unter dem Trensenring, und die linke Hand hält die Longenschlaufen hoch

überlassen, bevor etwas passiert! Irgendwann wird euer Voltigierpferd sicher auch mehr Respekt vor dir haben, und dann kannst du es erneut mit dem Führen versuchen.

Unfälle vermeiden

Ute voltigierte schon mehrere Jahre, und sie hatte unser Voltigierpferd schon oft zur Halle oder zurück in den Stall geführt. Sie war sozusagen ein „alter Hase" in Sachen Pferdeführen und kannte die Sicherheitsregeln genau. Dennoch hatte sie die Longe eines Tages um ihren kleinen Finger gewickelt. Ich kann mir das nur so erklären, daß sie in Gedanken war und das selbst gar nicht bemerkte. Als ich es sah, erschrak ich, sagte dann aber ganz ruhig zu ihr: „Ute, nimm den Finger aus der Longe!"

Doch in diesem Augenblick wirbelte der Wind ein Stück Papier auf, und unser Voltigierpferd machte vor Schreck einen Satz zur Seite. Nun – leider hatte es Utes Finger voll erwischt. Zuerst sagte sie zwar, es sei nicht so schlimm. Aber später stellte sich heraus, daß der Finger gebrochen war, und für Ute fiel der Voltigierunterricht für ein paar Wochen aus. Also: Träume nicht beim Führen und halte die Longe immer so, daß du sie notfalls jederzeit loslassen kannst!

Wußtest du, daß ...

... ein Voltigierpferd mindestens fünf Jahre alt sein muß? Erst dann ist es ausgewachsen und kann den hohen Belastungen im Voltigiersport standhalten.

... ein Voltigierpferd neben der Schulung an der Longe auch eine solide Grundausbildung unter dem Sattel haben sollte? Diese Ausbildung sollte mindestens einer Dressurleistung der Klasse A entsprechen.

... ein Voltigierpferd mit mehreren Voltigierern ein Gewicht von bis zu 160 Kilo tragen muß? Um dieses hohe Gewicht ausbalancieren zu können, muß es gesunde Beine und Hufe haben.

... ein Voltigierpferd, wenn es 15 Minuten an der Longe galoppiert, etwa eine Strecke von fünf bis sieben Kilometern zurücklegt? Das entspricht der Leistung eines Militarypferdes!

... in den USA auch rechtsherum voltigiert wird? Für die Voltigierer ist das zwar schwieriger, aber für die Pferde ist es besser, weil sie dann nicht so einseitig belastet werden.

... ein Voltigierpferd richtig ausgebunden ist, wenn der Nasenrücken kurz vor der Senkrechten steht und das Genick den höchsten Punkt bildet? Um die Stellung des Pferdes auf die Biegung der Zirkellinie einzustellen, muß der innere Ausbinder stets etwa zwei Löcher kürzer geschnallt werden.

... die Ausrüstung des Voltigierpferdes länger hält, wenn sie regelmäßig gepflegt wird? Hierzu werden alle Lederteile mit Sattelseife gesäubert und nach dem Trocknen mit Lederöl oder Lederfett eingerieben.

... ein Voltigierpferd bei einem Turnier höchstens zweimal pro Tag eingesetzt werden darf? Diese Beschränkung schützt die Pferde vor einer Überforderung.

Der Unterricht

Der Voltigierlehrer

Zum Voltigierunterricht gehören nicht nur die Voltigierer und das Voltigierpferd, sondern natürlich auch der Voltigierlehrer. Er hat einen anspruchsvollen und anstrengenden Job, denn er muß viele Aufgaben bewältigen: Er muß erklären, korrigieren, betreuen, longieren und organisieren – und das alles zur gleichen Zeit! Er darf nie den Überblick verlieren, sondern muß stets sowohl das Pferd und den oder die Voltigierer auf dem Pferd als auch die wartenden Voltigierschüler im Auge behalten, damit nichts schiefgeht. Das alles unter einen Hut zu bringen, ist oft nicht einfach und verlangt viel Organisationstalent. Vor allem muß der Voltigierlehrer gut longieren können, damit das Pferd gleichmäßig galoppiert und jederzeit unter Kontrolle ist. Außerdem sollte er ausreichende Kenntnisse über den Aufbau und die Lernschritte der einzelnen Voltigierübungen haben und den Unterricht verständlich und abwechslungsreich gestalten. Viele Voltigierlehrer waren früher selbst aktive Voltigierer und können sich deshalb

besonders gut in ihre Schüler hineinfühlen oder auch mal eine Übung vormachen.
Da der Voltigierlehrer während des Unterrichts meist in der Zirkelmitte steht und die Longe hält, ist es eine große Erleichterung für ihn, wenn er einen zusätzlichen Helfer hat. Das kann zum Beispiel ein älterer Voltigierer sein, der unter Anleitung Hilfestellung leistet oder die Voltigierschüler beschäftigt, die gerade nicht auf dem Pferd sind.
Darüber hinaus muß der Voltigierlehrer auch Pferdefachmann sein und über das Verhalten und die Pflege von Pferden ebenso Bescheid wissen wie über den Umgang mit ihnen. Um alle diese Anforderungen zu erfüllen, muß er nicht nur eine entsprechende Ausbildung mitbringen, sondern auch große Begeisterung für den Voltigiersport und viel Engagement.

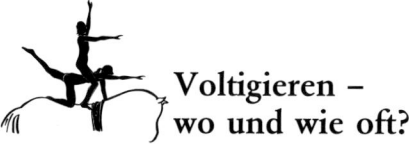

Voltigieren – wo und wie oft?

Anfängergruppen trainieren in der Regel einmal, Fortgeschrittene und Wettkampfgruppen zweimal pro Woche. Zu besonderen Anlässen, zum Beispiel vor Turnieren oder Auftritten,

werden häufig zusätzliche Übungsstunden eingeschoben.
Ist eine Reithalle vorhanden, so wird der Unterricht sicherlich dort abgehalten. Hier ist man wetterunabhängig, und das Voltigierpferd kann nicht so schnell erschrecken wie draußen. Wenn das Pferd starke Nerven hat, sollte das Voltigieren während der Sommerzeit aber ruhig auch mal im Freien stattfinden. Das ist nicht nur schöner, sondern für die Voltigierer und für das Pferd auch viel gesünder als die staubige Hallenluft. Allerdings sollte der Übungsplatz möglichst eine Abgrenzung haben, damit das Pferd – falls es doch mal vor etwas scheuen sollte – nicht nach außen ausbrechen kann.

Wie viele können mitmachen?

Die ideale Gruppenstärke liegt zwischen zehn und vierzehn Voltigierern. Mehr als fünfzehn sollten es nie sein, weil sonst die Zeitabstände zwischen den einzelnen Übungen auf dem Voltigierpferd zu groß werden. Voltigieranfänger brauchen zum Turnen der Übungen

In einer Voltigier-gruppe turnen oft Anfänger gemeinsam mit Fortgeschrittenen

dungsstand der einzelnen Voltigierer häufig sehr verschieden. Das ist beim Voltigieren aber kein Nachteil, weil die Fortgeschritteneren den Anfängern auch mal helfen, ihnen etwas erklären oder sie korrigieren können. Konkurrenzdenken kommt innerhalb einer Gruppe so gut wie nie auf. Denn Voltigieren ist eine Sportart, bei der jeder auf den anderen angewiesen ist und alle zusammenhalten müssen.

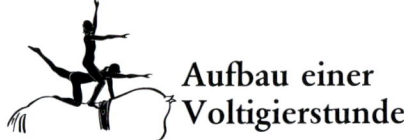

Aufbau einer Voltigierstunde

Weil das Voltigierpferd vor und nach dem Unterricht versorgt werden muß, dauert eine Voltigierstunde insgesamt nicht sechzig, sondern mindestens neunzig Minuten. Auch wenn du nicht zur Pferdepflege eingeteilt bist, solltest du nie auf den letzten Drücker kommen. Das macht nicht nur einen schlechten Eindruck, sondern du verpaßt dann auch die Unterrichtsplanung. Denn vor jeder Stunde bespricht der Voltigierlehrer mit seiner Gruppe, was er heute vorhat und welcher Übungsschwerpunkt geplant ist. Zum Beispiel: „Wir üben heute die Rückwärtsschere",

länger als Fortgeschrittene; deshalb bestehen Anfängergruppen normalerweise aus höchstens zwölf Teilnehmern. Weil meist nicht alle Gruppenmitglieder zur gleichen Zeit mit dem Voltigiersport beginnen, gibt es oft große Altersunterschiede. So können zum Beispiel Acht- bis Sechzehnjährige in einer Gruppe gemeinsam voltigieren. Aus diesem Grund ist auch der Ausbil-

oder: „Wir versuchen, die Beinstreckung bei der Mühle zu verbessern." Ein guter Voltigierlehrer bestimmt aber nicht einfach den Stundenablauf, sondern berücksichtigt auch die Meinungen und Wünsche seiner Schüler, soweit das möglich ist.

Die eigentliche Voltigierstunde beginnt immer mit der sogenannten **Aufwärmphase**, die etwa zehn Minuten lang dauert: Während das Pferd rechtsherum im Trab ablongiert wird, sich also ohne Ausbinder lösen kann, wärmen sich die Voltigierer durch Gymnastikübungen auf. Mehr darüber erfährst du auf den Seiten 87 bis 94.

Dann folgt der **Hauptteil** mit dem jeweiligen Unterrichtsschwerpunkt: Etwa vierzig Minuten lang werden schon bekannte Übungen wiederholt und neue Übungen erlernt. Hierbei wechseln sich Galopp- und Schrittphasen ab. Voltigieranfänger lernen zunächst alles im Schritt, und auch Fortgeschrittene üben neue Bewegungsabläufe stets erst im Schritt.

In der Zeit, in der du gerade nicht auf dem Pferd bist, solltest du aber möglichst nicht nur herumstehen. Statt dessen kannst du die Übung, die du anschließend zeigen sollst, schon mal auf dem Übungspferd ausprobieren. So bist du sinnvoll beschäftigt und gut vorbereitet. Gib aber acht, daß du deinen Einsatz nicht verpaßt! Da stets in einer bestimmten Reihenfolge geturnt wird,

Vor jeder Übungsstunde wird die Unterrichtsplanung gemeinsam besprochen

Das Erlernen neuer Übungen erfolgt immer zuerst im Schritt

Nach dem Unterricht

mußt du dir hierzu nur den Voltigierer merken, der vor dir an der Reihe ist.

Das **Stundenende** nimmt nochmals etwa zehn Minuten ein. Es soll zur Auflockerung dienen. Besonders beliebt sind hier Spiele, in die das Voltigierpferd einbezogen wird. Auf Seite 95 erfährst du mehr darüber. Das Stundenende kann auch dazu genutzt werden, daß jeder eine „Wunschübung" zeigt – also eine Voltigierübung, die er sich selbst ausgesucht hat. Wähle aber nicht immer nur eine Übung, die du schon besonders gut kannst! Nutze ruhig auch mal die Gelegenheit, um etwas Neues auszuprobieren, das dir noch nicht so leichtfällt.

Nach der Stunde solltest du dich nicht gleich aus dem Staub machen, denn es gibt noch viel zu tun. Zunächst werden die Ausbinder ausgehakt, der Voltigiergurt wird gelockert und das Pferd gelobt. Klatsche aber bitte nicht auf ihm herum, als wolltest du einen Teppich ausklopfen! Sanftes Streicheln und ein paar liebe Worte sind für Pferde viel angenehmer. Während das Pferd von einem Voltigierer trockengeführt wird, ebnen die anderen den Hufschlag. Das heißt, daß die Hufspuren auf dem Boden mit einem Rechen glattgezogen werden. Beim Führen zum Stall muß dem Pferd in der kalten Jahreszeit eine Decke aufgelegt werden, damit es sich nicht erkältet. Im Stall wird es dann mit Stroh abgerieben. Im Sommer kann man es auch mit einem nassen Schwamm abwaschen oder vorsichtig mit dem Wasserschlauch abspritzen – das ist eine willkommene Erfrischung. Auch die Hufe werden nochmals ausgekratzt – und bitte vergiß nicht, den Dreck anschließend wegzufegen!

Zu guter Letzt muß noch die Voltigierausrüstung weggeräumt werden. Hierbei ist besonders auf das richtige Aufwickeln der Bandagen und der Longe zu achten.

Mit dem Aufrollen der Bandagen beginnt man an dem Ende mit den Bändchen, die nach innen gelegt werden. Dann wickelt man die Bandagen faltenfrei und möglichst stramm auf. Das geht am besten, wenn sich zwei Voltigierer gegenüberstehen, wobei der eine rollt und der andere das Ende der Bandage festhält.

Die Longe wird in glatten Schlaufen übereinandergelegt, wobei jede Schlaufe etwa eine Handbreit kleiner sein sollte als die Vorausgehende. Das erleichtert dem Voltigierlehrer in der nächsten Übungsstunde das Verlängern der Longe, wenn er das Pferd aus der Zirkelmitte herausläßt. Man beginnt beim Aufrollen mit dem Longenende – also dort, wo sich die Handschlaufe befindet. Zum Schluß wickelt man das andere Ende oben zwei- bis dreimal um die Schlaufen und zieht es dann durch das so entstandene „Loch" hindurch. So kann die Longe prima am Karabinerhaken aufgehängt werden.

Die Longe wird in immer kleiner werdenden Schlaufen übereinandergelegt

Dann werden die Schlaufen zwei- bis dreimal umwickelt, ...

... und der Karabinerhaken wird durch die Öffnung gezogen

41

Die neue Lehrerin

Voltigierlehrer sind manchmal sehr jung. Gerade aus dem Gruppenvoltigieren ausgeschieden, wollen einige Voltigierer diesem Sport nicht den Rücken kehren und beschließen deshalb, Voltigierausbilder zu werden. Auf der einen Seite ist das natürlich gut, weil sie sich besser in die Voltigierschüler einfühlen können als jemand, der noch nie oder schon lange nicht mehr voltigiert hat. Auf der anderen Seite fehlt diesen jungen Lehrern aber die Erfahrung, und sie sind nicht selten mit der Vielzahl von Aufgaben, die sie gleichzeitig bewältigen müssen, überfordert.

Auch meine Gruppe wurde von einem jungen Mädchen übernommen, als ich vor ein paar Jahren den Voltigierunterricht aufgeben mußte. Einige Monate später erfuhr ich folgendes: Das Mädchen war den Anforderungen nicht gewachsen, das Longieren klappte nicht so recht, und im Unterricht herrschte ein rüder Ton, durch den sie offenbar versuchte, ihre Unsicherheit zu überspielen. Meine ehemaligen Voltigierer ließen sich das allerdings nicht gefallen. Sie beschwerten sich mehrfach, aber nichts änderte sich. Deshalb planten sie stillschweigend, einen Sitzstreik durchzuführen.

Durch diesen Unterrichtsboykott kam es dann zu einer Anhörung der Lehrerin, der Voltigierer und deren Eltern durch die Verantwortlichen dieses Vereins. Hierbei stellte sich heraus, daß die junge Lehrerin tatsächlich Schwierigkeiten hatte, das Pferd zu longieren und zur gleichen Zeit Unterricht zu geben. Deshalb wurde beschlossen, daß eine zweite Ausbilderin in die Gruppe kommt. So konnte sich die eine nun auf das Longieren des Pferdes und die andere auf das Unterrichten konzentrieren – ein Konzept, das sich dann bewährt hat. Ich muß zugeben, daß ich sehr stolz auf meine ehemaligen Voltigierer war. Sie hatten offensichtlich gelernt, daß man durch Zusammenhalt viel erreichen kann – auch wenn es nicht immer gleich ein Streik sein muß ...

Die erste Voltigierstunde

Inzwischen hast du dich zum Voltigierunterricht angemeldet und freust dich bestimmt schon sehr auf deine erste Stunde. Aber vielleicht hast du auch ein mulmiges Gefühl in der Magengegend und fragst dich: Wie wird der Voltigierlehrer sein, werde ich mit ihm auskommen? Und die anderen Voltigierer – werden sie mich mögen? Muß ich beim ersten Mal schon richtig voltigieren, oder komme ich vielleicht noch gar nicht aufs Pferd?

Diese und andere Fragen werden dich beschäftigen, und es kann sein, daß du dich bei aller Freude ein bißchen unsicher fühlst. Schließlich weißt du ja noch nicht, was in deiner ersten Voltigierstunde alles auf dich zukommt.

Erst mal alles kennenlernen

Neu in der Gruppe

Wenn du das erste Mal zum Voltigierunterricht gehst, werden viele neue Eindrücke auf dich einströmen – vor allem, wenn du zuvor noch nie in einem Reitstall warst. Deshalb solltest du dir Zeit nehmen, um erst mal alles kennenzulernen. Dein Voltigierlehrer wird dir die Anlage zeigen, dich mit dem Voltigierpferd bekannt machen und dich den anderen Mitgliedern deiner Gruppe vorstellen. Vielleicht wird dich auch dein Vater oder deine Mutter zu deiner ersten Voltigierstunde begleiten wollen. Das kann man verstehen, denn schließlich wollen deine Eltern ja wissen, was du da überhaupt machst, und sichergehen, daß dir nichts zustoßen kann. Aber sie sollten nicht die ganze Zeit dabeibleiben. Frage deinen Voltigierlehrer, wann du wieder abgeholt werden kannst, und bitte deine Eltern, solange einen Spaziergang zu machen. So kannst du dich besser auf den Unterricht konzentrieren und findest auch schneller Kontakt zu den anderen Gruppenmitgliedern.

Nach meiner Erfahrung werden neue Mitglieder normalerweise herzlich aufgenommen und ziemlich rasch in die Voltigiergruppe einbezogen. Schließlich handelt es sich dabei um eine Gemeinschaft, in der die einzelnen Übungen nur gelingen können, wenn man sich gut versteht und sich gegenseitig hilft. Deshalb wirst du – auch wenn du schüchtern bist – nicht lange allein bleiben. Selbst „Eigenbrötler" oder „Gruppenclowns" müssen sich irgendwann in diese Gemeinschaft eingliedern. Und auch Mädchen und Jungen, die sonst eher Außenseiter sind, finden beim Voltigieren meist schnell Freunde – jedenfalls habe ich das nie anders erlebt.

Selbstbewußt durchs Voltigieren?

Es gab zwei Fälle von Neuzugängen in meiner Voltigiergruppe, bei denen ich zunächst große Bedenken hatte. Zum Glück haben sich meine Sorgen aber in beiden Fällen als unbegründet herausgestellt.

Der erste Fall betraf Babsi, die ziemlich pummelig war und auf den ersten Blick recht ungelenk wirkte. Doch es zeigte sich, daß sie sich außerordentlich geschickt auf dem Pferd bewegte. Das beeindruckte alle sehr. Als Babsi dann bei einem Spielgruppenwettbewerb auch noch den Patzer einer anderen Voltigiererin durch eine Sondereinlage in der Kür gutmachte, hatten sie alle endgültig ins Herz geschlossen.

Das zweite Mädchen, bei dem ich Bedenken hatte, war Theresa. Sie war mit ihren zwölf Jahren noch recht klein und zierlich. In der Schule hatte sie große Probleme, Freundinnen zu finden, und sie war sehr verschlossen und unsicher. Durch ihre Erfolge beim Voltigieren und die Kameradschaft in der Gruppe wurde sie dann aber immer selbstbewußter und aktiver. Das wirkte sich sogar auf ihre Kontakte in der Schule und auf die Schulnoten aus, wie ich einige Zeit später von der überglücklichen Mutter erfuhr!

Erste Lockerungsübungen

Natürlich machst du in deiner ersten Voltigierstunde schon einige Erfahrungen auf dem Pferd. Schwierige Übungen mußt du aber noch nicht turnen. Am Anfang geht es erst einmal darum, daß du das Voltigierpferd kennenlernst und versuchst, dich in seinen Bewegungsrhythmus einzufühlen sowie das Gleichgewicht zu finden.

Schon in deiner ersten Übungsstunde machst du einige spielerische Gewöhnungsübungen auf dem Voltigierpferd

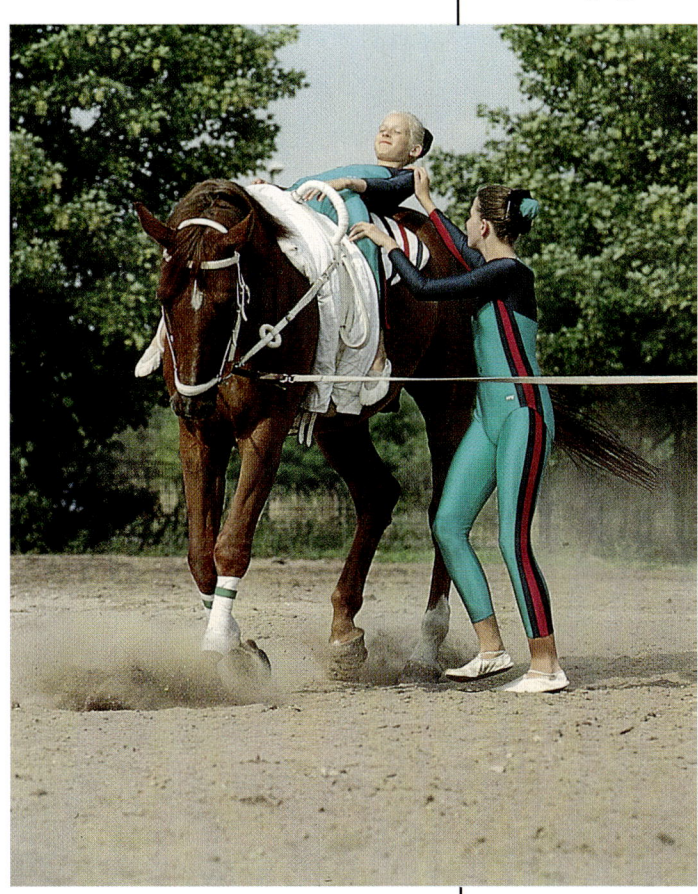

So übst du vermutlich den Aufgang mit Hilfestellung im Halten und lernst, wie man richtig hinter dem Gurt sitzt und die Griffe umfaßt. Dann machst du sicher auch schon einige kleine Lockerungsübungen im Schritt: Du beugst dich zum Beispiel nach vorne über und streichelst das Pferd am Hals, läßt mit einer Hand den Haltegriff los und kraulst das Pferd auf dem Rücken oder legst dich mit Hilfestellung ganz auf den Pferderücken zurück. Vielleicht kniest du dich auch schon mal hin oder versuchst, im Sitzen die Hände in die Hüftbeuge zu nehmen. Wenn du ganz mutig bist, kannst du auch schon den ersten Galopp probieren. Hierzu setzt sich ein zweiter Voltigierer hinter dich aufs Pferd und hält dich zusätzlich fest. Der Abgang vom Pferd erfolgt dann wieder im Halten mit Hilfestellung.

Die Sache mit der Angst

Zu Beginn wirst du bestimmt noch ein wenig Scheu vor dem Pferd haben und dich vielleicht aus Angst verkrampfen. Verberge deine Furcht aber nicht, sondern sage es ruhig, wenn du dich etwas nicht traust. Du brauchst dich deshalb nicht zu schämen, denn jeder Voltigierer hat einmal so angefangen, und keiner wird dich deswegen auslachen! Mit der Zeit bekommst du mehr Sicherheit und Selbstvertrauen. Deine anfänglichen Ängste wirst du bald überwunden haben. Doch mache dir auch klar, daß das Voltigieren und der Umgang mit dem Pferd nicht völlig ohne Risiko sind. Viele gefährliche Situationen lassen sich aber vermeiden, wenn du gewisse Sicherheitsregeln beachtest.

Aller Anfang ist schwer

Für Tina war es die erste Voltigierstunde. Mit großen, glänzenden Augen kam sie zu uns in den Unterricht und konnte es kaum erwarten, aufs Pferd zu kommen. Doch als es soweit war, verließ sie doch ein wenig der Mut. Aus der Nähe betrachtet, war das Pferd plötzlich größer als sie sich es vorgestellt hatte – und als sie oben saß, blickte sie ängstlich nach unten zum Boden.

Tina sagte zwar keinen Ton, aber ich wußte genau, was sie jetzt dachte: „Ist das tief, hoffentlich falle ich da nicht runter!" Sie hielt sich krampfhaft fest und umklammerte das Pferd mit den Beinen. Ich redete mit ihr, um sie abzulenken, und forderte sie auf, unser Voltigierpferd am Hals zu streicheln, was sie zaghaft tat. Mit Hilfestellung machte sie dann ein paar einfache Lockerungsübungen, und allmählich löste sich ihre Verkrampfung.

Am Ende der Übungsstunde war Tina dann völlig entspannt und traute sich sogar schon, im Schritt die Griffe loszulassen. Überglücklich lief sie ihrer Mutter entgegen und erzählte ihr stolz, was sie alles gemacht hatte.

In der nächsten Übungsstunde war Tina bereits viel lockerer. Sie gewann immer mehr Vertrauen zum Pferd und lernte Stunde für Stunde dazu, so daß sie nach drei Monaten bereits an einem Spielgruppenwettbewerb teilnehmen konnte. Nie werde ich das strahlende Lächeln auf Tinas Gesicht vergessen, als sie ihre erste Turnierschleife in den Händen hielt!

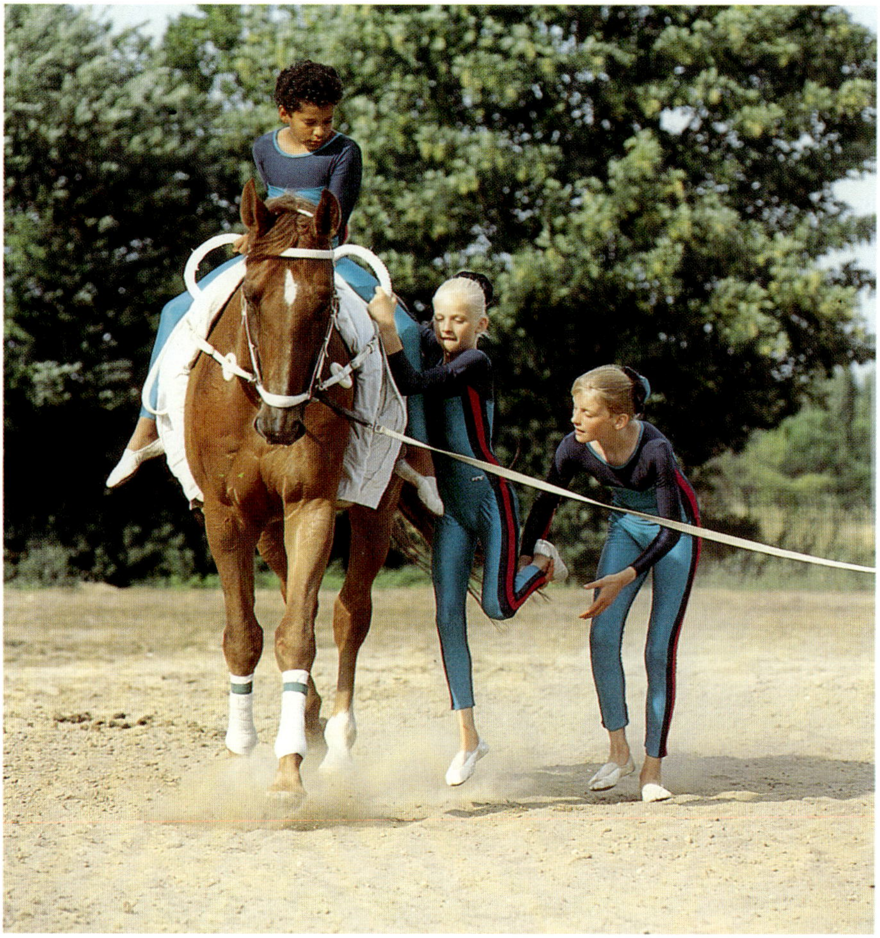

Sicherheit geht vor!

Sicherheit wird im Voltigiersport ganz groß geschrieben.
Deshalb gibt es bestimmte
Regeln, die jeder Voltigierer
lernen und einhalten muß,
damit keine unnötigen
Unfälle passieren. Einige
dieser Sicherheitsvorkehrungen habe ich schon ange-
sprochen – beispielsweise die
zweckmäßige Trainingsklei-
dung, das Zusammenbinden

langer Haare, das Ablegen
von Schmuck vor dem
Unterricht und die Vorsichts-
maßnahmen beim Umgang
mit dem Voltigierpferd.

**Vom Helfen
und Sichern**

Die gegenseitige Hilfe beim
Voltigieren habe ich schon

erwähnt. Sie ist besonders in Anfängergruppen notwendig. Wenn neben dem Voltigierlehrer kein zusätzlicher Helfer da ist, müssen sich die Voltigierer gegenseitig Hilfestellung geben – zum Beispiel beim Aufspringen auf das Pferd. Auch beim Erlernen neuer Übungen sollte immer ein Voltigierer im Schritt neben dem Pferd laufen und dem Übenden nach Anweisung des Voltigierlehrers helfen und ihn absichern.

Die richtige Hilfe und Sicherheitsstellung will aber auch gelernt sein! Denn wenn man den Übenden dabei falsch anfaßt, kann man ihn unter Umständen verletzen. Wenn du Hilfestellung gibst, solltest du den Voltigierer auf dem Pferd zum Beispiel niemals nur an der Hand festhalten, sondern stets das Handgelenk umfassen. Sonst kann es nämlich passieren, daß du ihm die Hand verrenkst!

Richtig fallen!

Leider läßt sich nicht jeder Sturz vom Pferd verhindern. Denn es kann leicht passieren, daß eine Übung mal ins Wanken gerät und du das

Die korrekte Hilfestellung ist beim Voltigieren sehr wichtig

Gleichgewicht verlierst. Wenn du dann aber richtig reagierst, kannst du in den meisten Fällen Verletzungen vermeiden und mit dem Schrecken davonkommen. Darum lernen schon die Voltigieranfänger durch Sprünge vom Pferderücken aus, wie man richtig auf dem Boden landet. Folgende Punkte solltest du dir gut einprägen:

1. Wenn du merkst, daß ein Sturz unvermeidlich ist, lasse die Griffe sofort los und springe ab. Versuche nicht, dich krampfhaft festzuhalten! Das kann gefährlich werden, denn du könntest womöglich vom Pferd mitgeschleift werden!

2. Seid ihr zu zweit auf dem Pferd und spürst du, daß du fällst, dann lasse ebenfalls sofort los und springe ab. Sonst kann es passieren, daß du deinen Partner mit vom Pferd reißt.

3. Versuche immer, möglichst weit vom Pferd entfernt zu landen, damit du nicht zwischen seine Beine gerätst.

4. Wenn es dir möglich ist, steure den Sturz so, daß du in der Bewegungsrichtung des Pferdes landest. Denn bei Landungen gegen die Bewegung des Pferdes kommt es schnell zu Verdrehungen und Verstauchungen von Fuß- und Handgelenken.

5. Beuge dich – wenn irgend möglich – beim Fallen mit dem Oberkörper nach vorne. Stürze nach hinten sind besonders gefährlich, weil man sie kaum abbremsen und kontrollieren kann.

6. Stütze dich niemals nur mit den Händen ab. Versuche möglichst, zuerst auf den Füßen zu landen und den Schwung durch „Nachfedern" in den Knie- und Fußgelenken abzufangen.

7. Ist die Wucht des Sturzes so groß, daß du sie nicht mehr mit den Füßen und Händen abfangen kannst, dann nimm den Kopf auf die Brust und rolle dich nach vorne ab. So kann am wenigsten passieren.

 **Sicherheitsvorkehrungen**

Der Voltigierlehrer hat viele verschiedene Aufgaben, die die Sicherheit betreffen. Er muß die Voltigierer mit den Sicherheitsvorkehrungen vertraut machen und hat darauf zu achten, daß diese auch eingehalten werden. Außerdem muß er dafür sorgen, daß bestimmte Gefahrenquellen ausgeschlossen sind. Dazu gehört es zum Beispiel, daß die Ausrüstung des Pferdes in einem guten Zustand ist und nicht reißen kann. Eine weitere Aufgabe des Voltigierlehrers besteht darin, störende Einflüsse wie zum Beispiel Krach in der Halle abzustellen. Er muß dafür Sorge tragen, daß keine gefährlichen Gegenstände herumliegen und daß beim Turnen auf dem Pferd stets ein genügend großer Sicherheitsabstand zur Bande (Hallenwand) oder zur Abgrenzung des Voltigierplatzes besteht.
Der Unterricht sollte so aufgebaut sein, daß kein Voltigierer überfordert ist und hierdurch unnötige Unfälle heraufbeschworen werden. Im Notfall muß der Voltigierlehrer in der Lage sein,

Erste Hilfe zu leisten. Darüberhinaus hat er die sogenannte Aufsichtspflicht. Das bedeutet, daß er die ganze Zeit anwesend sein muß und die Voltigiergruppe nicht alleine lassen darf.

Ganz schön viel auf einmal, wirst du jetzt sicher denken, und da hast du recht! Denn der Voltigierlehrer kann seine Augen und Ohren natürlich nicht überall gleichzeitig haben.

Deshalb ist er auf die Mithilfe seiner Voltigiergruppe angewiesen. Du kannst ihm helfen, indem du seine Anweisungen befolgst und ihn auf Gefahren aufmerksam machst, die er vielleicht nicht bemerkt hat.

Eine der Pflichten des Voltigierlehrers besteht darin, den ordnungsgemäßen Zustand der Ausrüstung zu überprüfen

Patricks Fehltritt

Die meisten Stürze gehen beim Voltigieren glimpflich aus. So auch bei Patrick, der erst seit ein paar Wochen voltigierte und zu dieser Zeit der einzige Junge in meiner Gruppe war.
Patrick genoß es, der „Hahn im Korb" zu sein, und setzte alles daran, den Mädchen zu imponieren. Ich hatte deshalb meine liebe Not, ihn in seinem Übereifer zu bremsen und ihn daran zu hindern, sich selbst in Gefahr zu bringen.
In einer Stunde sollte er nun das Stehen im Schritt üben. Zuerst befolgte er meine Anweisungen auch, sich an den Griffen festzuhalten und sich ganz langsam aufzurichten. Doch dann ließ er plötzlich die Griffe los und stellte sich hastig hin. Natürlich ging das nur ein paar Sekunden gut, und obwohl Patrick merkte, daß er das Gleichgewicht verlor, rief er noch: „Schaut her, so macht man das!" Dann aber fiel er unweigerlich vom Pferd. Zum Glück konnte er den Sturz noch so steuern, daß ihm nichts passierte!
Normalerweise würde niemand über einen Sturz lachen, doch in diesem Fall hatte es Patrick wohl geradezu herausgefordert. Die Mädchen verhielten sich dann aber doch mehr als fair. Eine ging spontan zu ihm, reichte ihm die Hand zum Aufstehen und sagte: „Mach dir nichts daraus, du wirst das auch noch lernen!" Patrick war sichtlich gerührt und änderte von nun an sein Verhalten – hatte er doch eingesehen, daß weniger manchmal mehr sein kann und daß er, wie jeder andere auch, das Voltigieren Schritt für Schritt lernen mußte!

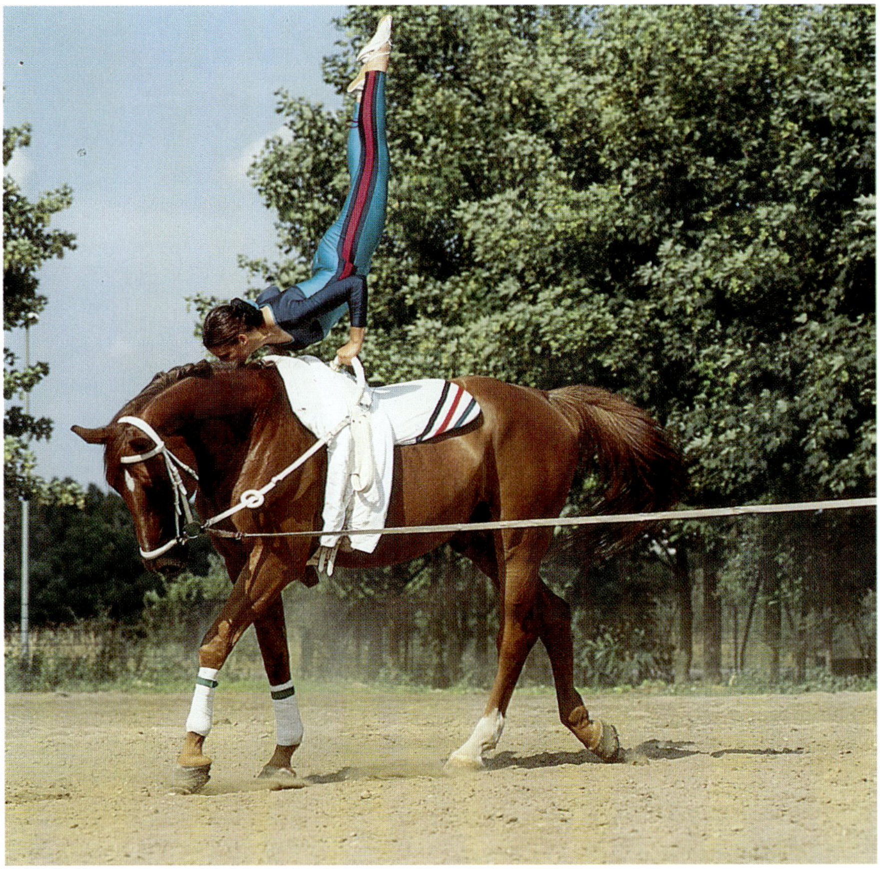

Bis zum eleganten Turnen in völliger Harmonie mit dem Pferd ist es ein weiter Weg

Die Pflicht

Nun sind wir beim wichtigsten Teil des Voltigierens angelangt: der sogenannten Pflicht, die aus den Grundübungen und den sechs Pflichtübungen besteht. Vielleicht findest du, daß sich das ganz schön blöd anhört – auf jeden Fall nach etwas, das man machen muß, das aber keinen Spaß macht. Da kann ich dich jedoch beruhigen, denn die Pflichtübungen machen sogar großen Spaß, obwohl sie vorgeschrieben sind.

Weil die Pflicht die Voraussetzung für alle weiteren Voltigierübungen ist, hat sie eine besonders große Bedeutung und wird sehr oft trainiert.

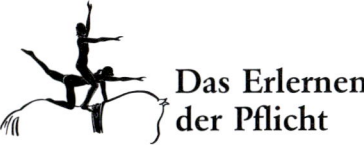

Das Erlernen der Pflicht

Alle Grund- und Pflichtübungen werden zunächst

im Halten oder auf dem Übungspferd erlernt. Später übt man sie dann im Schritt und schließlich im Galopp. Hierbei wird am Anfang stets Hilfestellung geleistet, so daß du keine Angst vor einem Sturz zu haben brauchst und dich nicht verkrampfen mußt. Auf der anderen Seite solltest du aber auch nicht wie ein „Mehlsack" auf dem Pferd hängen. Am besten ist es, wenn du von Anfang an eine gewisse Körperspannung hast, die du durch das gezielte Anspannen deiner Muskeln erreichst. Das heißt aber nicht, daß du stocksteif sein sollst. Im Gegenteil: Versuche, dich geschmeidig wie eine Katze zu bewegen. Das bedeutet, daß du deine Muskeln anspannst, zugleich aber in deinen Gelenken so beweglich bist, daß du stets mit den Bewegungen des Pferdes mitgehen, sie nutzen oder abfangen kannst. Das Ziel liegt darin, daß deine Bewegungen und die des Pferdes eins werden. Dadurch wirken die Voltigierübungen für den Betrachter dann so elegant und harmonisch. Für den Voltigierer selbst ist es das höchste Glücksgefühl, eine solche Harmonie mit dem Pferd zu erreichen – und dieses Gefühl macht auch die eigentliche Faszination des Voltigierens aus.

Eine solche Körperbeherrschung erfordert es natürlich, daß du neben den Voltigierübungen auch Gymnastik betreibst. Denn nur so kannst du das erforderliche Gleichgewicht erlangen und die notwendige Stütz- und Sprungkraft entwickeln. Schon als Voltigieranfänger solltest du deshalb durch spezielle Gymnastikübungen deinen Körper schulen. Wie du dabei vorgehen kannst, steht auf den Seiten 87 bis 95.

 **Die Grund-übungen**

Zu diesen Übungen gehören alle sogenannten Grundformen des Voltigierens, also das Anlaufen, Mitgaloppieren und Auslaufen, der Aufsprung, der Sitz, der Abgang und der Absprung.

1. Anlaufen – Mitgaloppieren – Auslaufen

Das Anlaufen beginnt damit, daß du hinter dem Pferd in die Zirkelmitte hineinläufst und dich rechts neben den Voltigierlehrer stellst. Dann huschst du unter der Peitsche hindurch und läufst an der Longe entlang auf das

Pferd zu. Es ist sehr wichtig, daß du möglichst weit vorne zum Pferd hinläufst. Sonst kann es nämlich passieren, daß du dem Pferd hinterherläufst und es nie erreichst! Versuche aber nicht, dich dabei an der Longe festzuhalten. Du würdest dem Pferd dadurch im Maul weh tun und außerdem die Hilfengebung des Voltigierlehrers stören, die zum großen Teil über die Longe erfolgt.

Wenn du das Pferd fast erreicht hast, beginnst du wie es im Galopptakt zu laufen, indem du mit dem linken Bein vorausspringst und das rechte Bein nachsetzt. Dann erfaßt du die Griffe des Gurtes oder, wenn du kleiner bist, nur den inneren Griff. Nun drehst du dich nach vorne in die Laufrichtung des Pferdes, ziehst dich an den Gurt heran und galoppierst etwa auf der Höhe des Gurtes mit.

Falls du merkst, daß du mit der Geschwindigkeit des Pferdes noch nicht mitkommst, solltest du die Griffe sofort wieder loslassen. Denn läßt du dich mitschleppen, so kann es passieren, daß du unter das Pferd gerätst! Beginne also besser von neuem und übe das Mitgaloppieren so oft, bis du

Kleinere Voltigierer erfassen mit beiden Händen den inneren Griff

Größere Voltigierer greifen an beide Griffe oder mit der rechten Hand an die Halteschlaufe zwischen den Griffen

Das taktmäßige Mitgaloppieren ist die Voraussetzung für einen schwungvollen Aufsprung

das Tempo halten kannst und den Rhythmus beherrschst. Die Galopphüpfer kannst du natürlich auch ohne Pferd außerhalb des Voltigierzirkels trainieren.

Das Auslaufen aus dem Zirkel muß immer in der Bewegungsrichtung des Pferdes erfolgen, da dir sonst das Pferd entgegenkommt und die Longe dir den Weg ver-

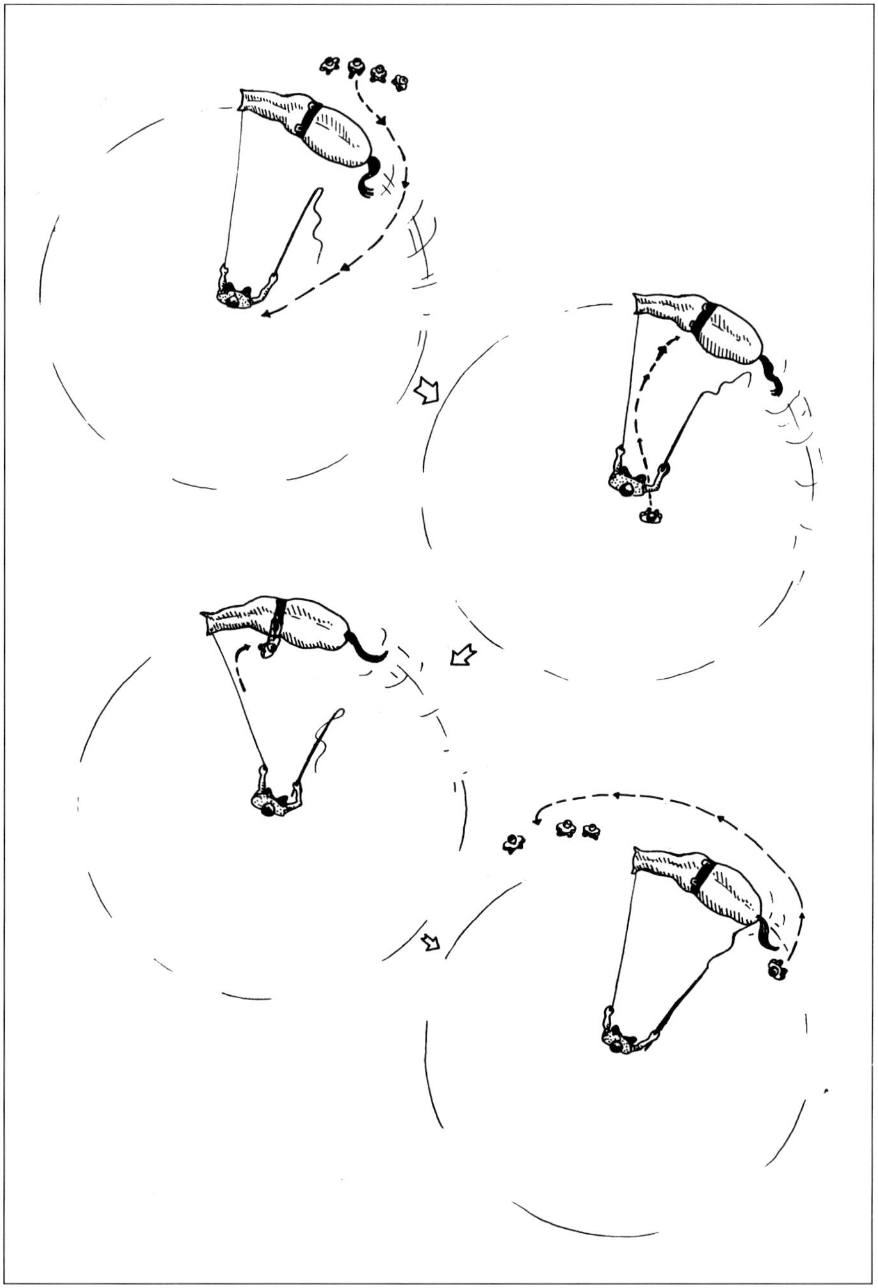

Der Weg zum Voltigierpferd und zurück zur Gruppe

sperrt. Drehe dich also nicht um, sondern lasse das Pferd weiterlaufen und kehre dann nach außen zur Gruppe zurück.

2. Der Aufsprung

Für den Aufsprung galoppierst du zwei bis drei Galoppsprünge am Pferd mit – nicht länger, sonst hast du nämlich keine Kraft mehr! Dann springst du mit beiden Beinen kräftig vom Boden ab. Neige den Oberkörper nach vorne, strecke das linke Bein nach unten und schwinge das gestreckte rechte Bein möglichst hoch über den Pferderücken. Fange jetzt das Körpergewicht mit den Armen ab und lande dicht hinter dem Gurt auf dem Pferd. Hast du zuvor nur den inneren Griff erreichen können, so mußt du nun mit der rechten Hand an den äußeren Griff umgreifen.

Wichtig für den Aufsprung ist, daß du beim Mitgaloppieren nach vorne schaust, dich dicht an den Gurt heranziehst und deinen Oberkörper während des Hochschwingens nach vorne neigst. Denn wenn du nach oben zum Gurt blickst, ist auch dein Körper aufgerichtet. Dadurch verlierst du aber den nötigen Schwung, und

aus dem Aufsprung wird ein Klimmzug. Zunächst wirst du den Aufsprung im Schritt mit Hilfestellung einüben, um den Bewegungsablauf kennenzulernen. Weil der Aufsprung durch den

Beim Aufsprung wird zunächst das rechte Bein nach oben geschwungen, dann erst wird der Oberkörper nachgezogen

Aufsprunghilfe im Schritt

Schwung des Pferdes aber im Galopp viel einfacher ist, wirst du sicher schon bald die ersten Galoppaufsprünge versuchen. Hierbei mußt du den richtigen Zeitpunkt für das Abspringen finden, damit du den Schwung des Pferdes nutzen kannst, der dich sozusagen „nach oben trägt". Zur Sicherheit wird dich zu Anfang ein Helfer begleiten, der dich – falls nötig – nach dem Abspringen am linken Oberschenkel abstützt und so lange gegenhält, bis du dich nach oben gezogen hast.

3. Der Sitz

Wenn du oben bist, richtest du dich gleich auf, nimmst den Kopf hoch und setzt dich gleichmäßig auf beide Pobacken dicht hinter den Gurt. Deine Beine liegen eng am Pferdekörper an, und die Fußspitzen sind nach unten gestreckt. Du schaust nach vorne, und beide Hände sind an den Griffen. Diese Übung ist im Schritt ganz einfach. Im Galopp kommt es jedoch darauf an, daß du deine Bauchmuskeln gut anspannst und mit der etwas vorgeschobenen Hüfte

Oben links: Aufsprunghilfe im Galopp

Unten links: Der korrekte Sitz gehört zu den Grundformen des Voltigierens

in der Galoppbewegung des Pferdes mitschwingst. Da der Sitz Grundlage für die meisten Voltigierübungen ist, ist sein Erlernen besonders wichtig.

4. Der Abgang

Für den Abgang hebst du das rechte Bein möglichst hoch und gestreckt über den Pferdehals nach innen, während das linke Bein lang am Pferd liegen bleibt. Du mußt die Griffe jeweils ganz kurz nacheinander loslassen – erst den rechten, dann den linken Griff – um das Bein vorbeiführen zu können. Dann schließt du beide Beine, streckst dich in der Hüfte, drückst dich kräftig von den Griffen ab und landest federnd auf dem Boden. Wichtig für den Abgang ist, daß du die ganze Zeit nach vorne schaust. Denn wenn du beim Herabgleiten nach innen zum Voltigierlehrer blickst und den linken Griff zu früh losläßt, dreht sich dein Körper automatisch mit. Dann aber kann es passieren, daß du beim Landen nach hinten fällst.

5. Der Absprung (Wende nach innen)

Zur Vorbereitung auf den Absprung lernst du erst einmal den sogenannten Stütz-

Für den Abgang schwingt man das rechte Bein über den Pferdehals nach innen, ...

... schaut dann nach vorne und streckt den Körper

So ist der Absprung richtig: Beine nach hinten und oben schwingen, ...

schwung, der auch Teil aller anderen Beinschwungübungen ist: Du holst aus dem aufrechten Sitz mit beiden Beinen nach vorne aus, um Schwung zu bekommen. Diesen Schwung erhältst du allerdings nur, wenn deine Beine vom Oberschenkel bis in die Fußspitzen gestreckt sind – nicht aber, wenn du nur die Unterschenkel vor- und zurückschwingst. Beuge dann den Oberkörper vor, verlagere dein Gewicht auf die Arme, schwinge die Beine nach hinten und schlage sie so hoch wie möglich über dem Pferderücken zusammen, indem du die Arme so weit es geht durchdrückst. Den Stützschwung übst du so lange, bis du richtig hoch schwingen kannst.

... von den Griffen abdrücken ...

... und den Schwung beim Landen mit den Knien abfangen

Eine gute Höhe kannst du aber nur erreichen, wenn du den Galoppschwung des Pferdes ausnutzt.

Für den Absprung schlägst du nun die Beine hoch über dem Pferderücken zusammen, drückst dich dann kräftig von den Griffen ab und landest schließlich weich in die Knie gehend auf der linken Seite des Pferdes.

Die sechs Pflichtübungen

Die Pflichtübungen werden auf Wettbewerben stets in der gleichen Reihenfolge geturnt: Der Grundsitz ist die erste, die Fahne die zweite, die Mühle die dritte, die Schere die vierte, das Stehen die fünfte und die Flanke die sechste Übung.

1. Der Grundsitz

Die Haltung beim Grundsitz unterscheidet sich von der beim Sitz nur dadurch, daß jetzt noch die Arme in die sogenannte Seithalte genommen werden. Hierzu streckst du deine Arme so zur Seite aus, daß sie in einem leichten Bogen nach oben zeigen und sich die Fingerspitzen etwa auf der Höhe deiner Augen befinden. Die Finger sollen dabei geschlossen sein,

die Handflächen nach unten zeigen und die Daumen gestreckt an den Handseiten liegen. Achte beim Strecken der Arme darauf, daß du deine Schultern nicht mit nach oben ziehst oder die Arme nach hinten abdrehst. Den Grundsitz wirst du im Schritt sehr schnell lernen. Im Galopp ist er jedoch nicht so einfach, weil du hier ein gutes Gleichgewichtsgefühl haben mußt. Strecke deshalb zunächst abwechselnd mal den rechten und mal den linken Arm aus. Dann lasse ganz kurz mit beiden Händen die Griffe los

Die Arme werden beim Grundsitz in einem leichten Bogen nach oben zur Seite gestreckt

und halte dich gleich wieder fest. Erst wenn du das mindestens vier Galoppsprünge lang schaffst, ohne dabei die Balance zu verlieren, kannst du versuchen, die Arme langsam in die Seithalte zu nehmen.

Jetzt kommt es darauf an, daß du deine Sitzposition beibehältst. Denn wenn du mit dem Oberkörper nach vorne kippst, machst du einen Rundrücken und hüpfst auf dem Pferd auf und ab. Kippst du dagegen nach hinten, so ziehst du automatisch die Knie hoch und spreizt die Beine ab. In beiden Fällen verlierst du dann das Gleichgewicht. Deshalb halte dich aufrecht, sitze so tief wie möglich ein und versuche, locker in der Bewegung des Pferdes mitzugehen.

2. Die Fahne

Die Fahne beginnt mit dem beidbeinigen Aufknien aus dem Sitz heraus, wobei deine Unterschenkel schräg über der Wirbelsäule des Pferdes liegen sollen.

Drücke dann den Po nach oben, nimm den Kopf hoch und verlagere das Gewicht auf die Arme und das linke Bein. Nun streckst du dein rechtes Bein so nach hinten aus, daß der Fuß sich etwa

So kniet man vor der Fahne

auf der Höhe deines Kopfes befindet und die Fußsohle nach oben zeigt. Achte darauf, daß hierbei dein Bein nicht nach innen oder außen abdriftet. Wenn du dich in dieser Haltung sicher fühlst, verlagerst du dein Gewicht auf das linke Stützbein und den rechten Arm. Jetzt streckst du den linken Arm nach vorne aus. Die Fingerspitzen sollen dabei auf der gleichen Höhe sein wie die Fußspitzen deines ausgestreckten Beines. Von der Seite betrachtet, ergibt sich also eine leicht gebogene Linie von der Hand über den Rücken bis zum Fuß. Um die Fahne richtig auszuführen, mußt du deine Arm-, Rücken- und Beinmuskeln gut anspannen und dein Körpergewicht gleichmäßig

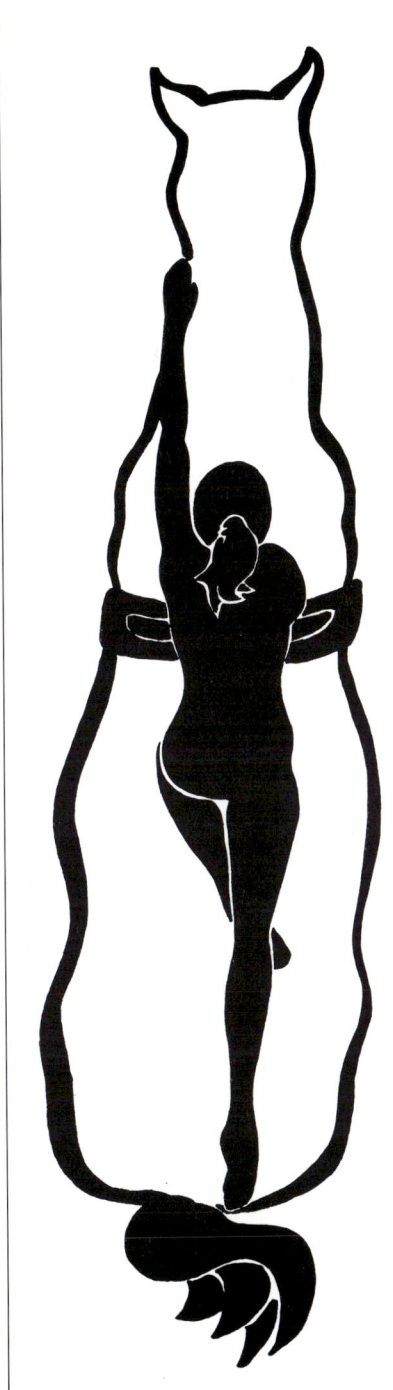

Die Fahne von oben gesehen

auf den Stützarm und das Stützbein verteilen. Denn wenn du mit dem Arm einknickst, fällst du nach vorne. Knickst du dagegen mit dem Bein ein, so senkt sich dein Po, und du fällst nach hinten über. In beiden Fällen würde die Fahne „zusammenbrechen". Im Galopp kommt es zusätzlich darauf an, daß du den Schwung des Pferdes im Knie- und Ellenbogengelenk gut abfängst. Nach vier Galoppsprüngen wird die Fahne wieder abgebaut, indem du mit der linken Hand wieder an den Griff faßt, das rechte Bein senkst und über ein kurzes Abstützen mit den Armen zurück in den Sitz gleitest. Als Anfänger lernst du zunächst das richtige Hinknien und Ausstrecken des Beines. Das gleichzeitige Ausstrecken von Bein und Arm, wie es bei Voltigierturnieren der höheren Leistungsklassen ver-

Erste Phase der Mühle: rechtes Bein über den Pferdehals nach innen führen ...

... und im Innensitz Beine schließen

langt wird, solltest du erst versuchen, wenn du das Knien auf einem Bein mindestens vier Galoppsprünge lang gut halten kannst.

3. Die Mühle

Die Mühle ist eine ganze Drehung auf dem Pferderücken, die in vier Phasen eingeteilt ist.

Die erste Phase kennst du bereits von der Grundübung Abgang: Du führst aus dem aufrechten Sitz das rechte Bein über den Pferdehals zum Innensitz. In der zweiten Phase schwingst du das linke Bein über die Kruppe des Pferdes zum Rückwärtssitz. Das rechte Bein bleibt hierbei ruhig am Pferd liegen. Nun mußt du umgreifen, und zwar mit der rechten Hand an den inneren Griff und mit der linken an den äußeren Griff. Halte dich aufrecht und schau nach hinten in Richtung Schweif.

Für die dritte Phase hebst du nun das rechte Bein über die Kruppe zum Außensitz. Das ist der schwierigste Teil dieser Übung, weil du hier durch die Fliehkraft schnell nach außen abrutschen kannst. Um das zu verhindern, mußt du den Schwerpunkt etwas nach innen verlagern, deinen Oberkörper nach vorne drehen und mit der linken Hand an den inneren und mit der rechten Hand an den äußeren Griff umgreifen. In der vierten Phase schwingst du dann dein linkes Bein über den Pferdehals zum Sitz zurück. Dabei mußt du die Hände kurz nacheinander von den Griffen lösen, um das Bein vorbeizulassen.

Die Beinführung sollte bei der Mühle gleichmäßig und so hoch wie möglich sein, wobei dein Oberkörper ein wenig nach hinten nachgibt, aber möglichst aufrecht bleibt. Strecke deine Beine bis in die Fußspitzen und nimm den Kopf hoch. Zunächst lernst du den Bewegungsablauf mit dem richtigen Umgreifen. In der dritten Phase der Mühle wird dich hierbei anfangs ein Helfer an der Hüftbeuge festhalten, damit du nicht nach außen abrutschst. Hast du das begriffen, so kannst du dich auf das Strecken und Hochheben des Schwung-beins konzentrieren. Erst wenn du das sicher be-herrschst, erlernst du die **Takte** der Mühle. Denn die Mühle wird im Vierertakt geturnt. Das heißt, daß du für jede Phase vier Galopp-sprünge Zeit hast. Mit dem Abheben des Beines beginnt

Zweite Phase der Mühle: linkes Bein über die Kruppe schwingen ...

... und im Rück-wärtssitz aufrecht hinsetzen

Dritte Phase der Mühle: das rechte Bein zum Außensitz führen ...

Vierte Phase der Mühle: mit dem linken Bein zum Sitz zurückschwingen

jeweils eine neue Phase. Am Anfang wird dein Voltigier-lehrer die Galoppsprünge laut mitzählen, um dir das Lernen zu erleichtern.

4. Die Schere

Die Schere ist eine Schwung-übung und besteht aus zwei Teilen, der Vorwärts- und der Rückwärtsschere.
Für die **Vorwärtsschere** machst du zunächst den Stützschwung, wie du ihn schon vom Absprung her kennst: Du holst mit beiden Beinen nach vorne Schwung, schwingst die Beine zurück und neigst den Oberkörper hierbei nach vorne. Dann drückst du die Arme so gut es geht durch und kreuzt auf dem höchsten Punkt in der Luft das linke über das rechte Bein. Um in den Rückwärtssitz zu gelangen,

... und das Gewicht nach innen verlagern

*Für die Vorwärtsschere kräftig mit
gestreckten Beinen Schwung holen, ...*

mußt du dein Becken mit
der linken Seite nach außen
drehen. Dann greifst du um,
also mit der linken Hand an
den äußeren und mit der
rechten Hand an den inne-
ren Griff. Anschließend richtest du den Oberkörper auf
und nimmst den Kopf hoch.
Jetzt sitzt du aufrecht rückwärts auf dem Pferd.
Für die **Rückwärtsschere**
mußt du deinen Oberkörper
zurücklehnen, die Hüfte vorschieben und die Beine nach
hinten strecken. So hat dein
Körper die Form eines Flitze-
bogens, den du nun gut
spannen mußt, um mit den
Beinen nach vorne hochzu-
schwingen. Dabei stützt du
dich kräftig auf deine Arme
und drückst den Po hoch.
Auf dem höchsten Punkt
kreuzt du wiederum das
linke über das rechte Bein
und drehst das Becken und

*... nach hinten und oben schwingen, das linke über das rechte Bein
kreuzen ...*

... und das Becken nach außen zum Rückwärtssitz drehen

den Oberkörper nach innen zurück in den Sitz. Jetzt greifst du wieder um, also mit der linken Hand an den inneren und mit der rechten Hand an den äußeren Griff, und setzt dich aufrecht hin. Als Voltigieranfänger übst du die Schere zunächst im Liegen, um die Drehrichtung kennenzulernen. Hierzu neigst du deinen Oberkörper bei der Vorwärtsschere nach vorne und bei der Rückwärtsschere nach hinten und legst deine Beine lang auf den Pferderücken. Ein Helfer hält dein linkes Bein hoch, damit du dich richtig drehst. Hast du verstanden, daß beim Scheren das linke Bein immer oben sein muß, so kannst du die Schere alleine probieren. Mit der Zeit wirst du dann beide Teile der Schere flüssig hintereinander turnen und auch die Höhe allmählich steigern können. Im Galopp wirst du am höchsten kommen, weil du

Die Bogenspannung bei der Rückwärtsschere

... und nach innen zum Sitz zurück-drehen

Für die Rückwärtsschere aus der Bogen-spannung Schwung holen, ...

... Po hochdrücken, Beine kreuzen ...

Gleichgewichtsgefühl und auch ein bißchen Mut. Zunächst kniest du dich aus dem Sitz heraus mit beiden Beinen so auf den Pferderük-ken, daß deine Unterschen-kel und Füße flach links und rechts von der Wirbelsäule des Pferdes liegen. Dann gehst du mit beiden Beinen in die Hocke, indem du dich auf die Griffe stützt. Deine Füße setzt du etwa eine Handbreit hinter dem Gurt mit der ganzen Sohle auf, ohne die Fußspitzen unter den Gurt zu stecken. Der Abstand zwischen beiden Füßen soll hierbei dem deiner Hüften entsprechen. Nun hebst du den Po leicht an, reißt ihn aber nicht hoch. Du richtest den Ober-körper langsam auf und streckst die Arme wie beim Grundsitz zur Seite. So

hier den Schwung des Pfer-des nutzen kannst.

5. Das Stehen
Für das Stehen auf dem Pferd brauchst du ein gutes

Das Stehen beginnt mit dem beidbeinigen Aufknien, ...

... und steht mit leicht gebeugten Knien aufrecht

... dann richtet man sich aus dem Hockstand langsam auf ...

Anschließend erfaßt man die Griffe wieder und sitzt mit gestreckten Beinen ein

bleibst du mindestens vier Galoppsprünge lang stehen, wobei du die Hüfte leicht vorschieben und den Schwung mit den Hüft-, Fuß- und den leicht gebeugten Kniegelenken abfedern mußt. Dann senkst du die Arme wieder, neigst den Oberkörper vor und erfaßt mit beiden Händen die Griffe. Nun verlagerst du das Gewicht auf deine Arme, drückst den Po hoch, grätschst die Beine gestreckt und gleitest geschmeidig in den Sitz zurück. Hierbei mußt du deine Beine ein wenig an den Pferdekörper drücken, um dein Gewicht abzufangen.

Anfangs lernst du das Stehen mit Hilfestellung: Im Schritt erfaßt ein Helfer deinen linken Arm und stützt dich beim Aufrichten. Wenn du sicher stehst, wird der Helfer deinen Arm loslassen und dich an den Fußgelenken halten.

Im Galopp setzt sich ein zweiter Voltigierer vor den Gurt, so daß du dich an seinen Schultern festhalten kannst. Wenn du dich sicher fühlst, lasse erst mit einer, dann auch mit der anderen Hand kurz los und versuche, einige Galoppsprünge stehenzubleiben. Anschließend probierst du das Stehen alleine.

Für das Stehen ist es wichtig, daß du deine Kniegelenke niemals durchdrückst. Halte sie ähnlich wie beim Skifahren leicht gebeugt, damit du in der Bewegung des Pferdes gut mitgehen kannst. Merkst du, daß du das Gleichgewicht verlierst, so versuche anfangs nicht, die Griffe zu erreichen, sondern springe nach außen ab. Erst wenn du mehr Standsicherheit hast, kannst du die Griffe wieder erfassen und dich erneut aufrichten.

Damit man die statischen Pflichtübungen – also Grundsitz, Fahne und Stehen – auf Wettbewerben locker vier Galoppsprünge lang halten kann, werden sie beim Training häufig mit mehr Galoppsprüngen geübt. Deshalb wird im Unterricht ab und zu ein „Wettstehen" veranstaltet. Das ist bei den Voltigierern sehr beliebt, und zugleich ist es ein gutes Stehtraining.

In meiner Gruppe war einmal eine Voltigiererin, die das besonders gut konnte. Sie bewegte sich fast wie eine Gummipuppe und stand Runde um Runde bis zum Abwinken. Selbst wenn das Pferd mal in den Trab fiel, hatte sie keinerlei Standprobleme. Die anderen

Voltigierer waren immer total begeistert, zählten die Galoppsprünge laut mit und feuerten sie durch rhythmisches Klatschen an. Sabrina, wie das Mädchen hieß, beherrschte das Stehen deswegen so gut, weil sie außerdem eine ausgezeichnete Skiläuferin war. Bei dieser Sportart muß man nämlich auch in den Hüft-, Knie- und Fußgelenken sehr beweglich sein, um die Piste richtig schön herunterwedeln zu können.

Man muß nicht unbedingt Skifahrer sein, um das Stehen beim Voltigieren zu lernen. Es ist jedoch von Vorteil, wenn man sich auch anderweitig turnerisch betätigt. Sehr günstig als

Kombination zum Voltigieren sind das Kunstturnen und das Ballett, weil sich diese Sportarten in vielen Bewegungsabläufen ähneln.

6. Die Flanke

Die Flanke ist wie die Schere eine Schwungübung, die aus zwei Teilen besteht.
Für den ersten Teil machst

... Hüfte nach unten abwinkeln ...

Für den ersten Teil der Flanke kräftig Schwung holen, nach hinten und oben schwingen, ...

... und im Innensitz landen

du wieder einen Stützschwung. Wenn du beim Zurückschwingen den höchsten Punkt erreicht hast, schließt du die Beine, winkelst deine Hüfte nach unten innen ab und gleitest mit gestreckten Beinen in den Innensitz. Hierbei mußt du deinen Körper gut anspannen und den Schwung mit den Armen abfangen, damit du dem Pferd nicht in den Rücken fällst.

Der zweite Teil ist etwas schwieriger. Du holst nun aus dem aufrechten Innensitz mit geschlossenen und gestreckten Beinen nach vorne Schwung, indem du dein Gewicht auf den rechten Oberschenkel legst. Dann neigst du den Oberkörper etwas nach vorne, verlagerst das Gewicht auf die Arme und schwingst die Beine gestreckt nach hinten hoch. Wichtig ist, daß deine

... schwingt die Beine nach hinten hoch ...

Für den zweiten Teil der Flanke verlagert man das Gewicht auf den rechten Oberschenkel, holt erneut Schwung, ...

... und landet außen neben dem Pferd

73

Beine hierbei geschlossen bleiben. Nun drückst du die Arme so gut es geht durch und schwingst die Beine so hoch wie möglich über den Pferderücken nach außen. Hierbei mußt du deine Bauchmuskeln gut anspannen, damit du kein Hohlkreuz machst. Zum Schluß drückst du dich kräftig von den Griffen ab und landest weich außen neben dem Pferd. Um den enormen Schwung abzufangen, mußt du bei der Landung die Beine etwas auseinandernehmen und in die Knie gehen. Als Anfänger übst du zunächst den ersten Teil der Flanke und schwingst dann zurück in den Sitz. Anschließend holst du erneut Schwung und machst einen Absprung nach außen. Das trainierst du so lange, bis du beide Teile zügig hintereinander turnen kannst. Und wenn du herausgefunden hast, wie man den Schwung des Pferdes im Galopp nutzen kann, wirst du auch die Schwunghöhe der Flanke allmählich steigern können.

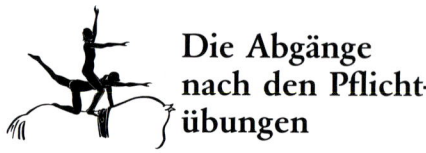

Die Abgänge nach den Pflichtübungen

Der Grundsitz, die Fahne und die Mühle werden jeweils mit dem Abgang nach innen, die Schere und das Stehen mit dem Absprung (Wende nach innen) beendet. Bei der Flanke springt der Voltigierer in der zweiten Phase nach außen ab. Auf Wettbewerben wird die Pflicht meist in zwei Abschnitten geturnt. Das heißt, im ersten Durchgang stehen die ersten drei Übungen mit dem Abgang auf dem Programm und im zweiten Durchgang die vierte bis sechste Übung.

Wußtest du, daß ...

... die Bewegungsabläufe der sechs Pflichtübungen in den Richtlinien für das Voltigieren genau festgelegt sind?

... die Auf- und Abgänge der Pflichtübungen bei einem Turnier mitbewertet werden?

... es für jeden Fehler in einer Pflichtübung, den man bei einem Wettbewerb macht, Punktabzüge gibt? Für welche Fehler wie viele Punkte abgezogen werden, kannst du auf der nächsten Seite sehen.

1 Punkt Abzug für:
- jeden fehlenden Galoppsprung beim Grundsitz, bei der Fahne und beim Stehen;
- das fehlende Knien vor der Fahne und vor dem Stehen;
- jeden Taktfehler in der Mühle;
- jede Landung nach einem Pflichtabgang, bei der man mit den Händen den Boden berührt;
- das Berühren des Pferdehalses mit der Hand bei der Fahne oder beim Stehen;
- nicht gleichzeitiges Ausstrecken von Arm und Bein bei der Fahne (bei hohen Leistungsklassen und beim Einzelvoltigieren).

2 Punkte Abzug für:
- das Wiederholen oder das erneute Ansetzen einer Übung;
- eine in der falschen Reihenfolge angesetzte Pflichtübung, die dann aber korrigiert wird, indem die richtige Übung angeschlossen wird, ohne das Pferd zu verlassen;
- das Verwechseln der Pflichtabgänge;
- das Zusammenbrechen einer Übung auf dem Pferd.

Wertnote 0 für:
- jede nicht oder nur unvollständig ausgeführte Pflichtübung;
- das Verlassen des Pferdes während einer Übung (Sturz);
- die zuerst gezeigte Pflichtübung beim Vertauschen von zwei Übungen;
- das zweimalige Wiederholen einer Pflichtübung;
- jede Schere in falscher Drehrichtung;
- jede in der falschen Reihenfolge ausgeführte Pflichtübung;
- jede Pflichtübung, wenn zuvor der Aufsprung nicht im Galopp oder mit Hilfestellung erfolgt ist (nicht bei Spielgruppen-Wettbewerben).

Die Kanone ist eine der einfacheren Kürübungen

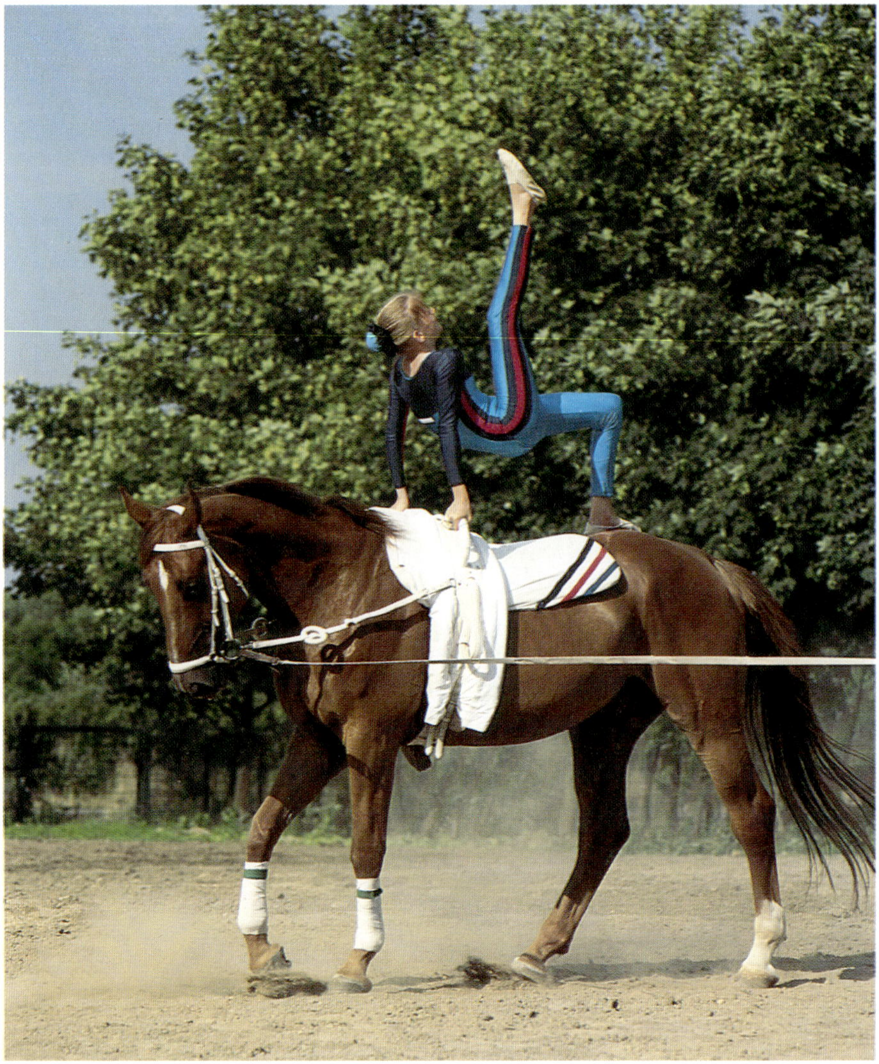

Die Kür

Nach der Pflicht kommen wir zur Kür. Es gibt etwa zweihundert Kürübungen, die in unterschiedliche Schwierigkeitsgrade – von ganz einfach bis sehr anspruchsvoll – eingeteilt sind. Als Kürübungen bezeichnet man alle Übungsteile, die nicht zur Pflicht gerechnet werden. Dazu gehören Einzel-, Doppel- und Dreierübungen, Küraufgänge und Kürabgänge sowie die sogenannten Verbindungsteile. Sie werden gebraucht, wenn bei einem Turnier oder einer Vorführung einzelne Kür-

übungen zu einer Gesamtkür
miteinander verbunden
werden.
Die Kür wird nach der
Pflicht gezeigt und soll so
aufgebaut sein, daß sich
Einzel-, Zweier- und Dreierübungen abwechseln. Hier-
bei müssen alle Voltigierer
einer Gruppe mindestens
einmal beteiligt sein.

Das Erlernen der Kürübungen

Schon als Voltigieranfänger
kannst du einfache Kür-
übungen turnen – zunächst
im Halten, später im
Schritt und schließlich im
Galopp. Den Aufbau und
die Grifftechnik von Partnerübungen wirst du zunächst
auf dem Übungspferd ein-
üben, damit es später auf
dem Voltigierpferd keinen
„Knoten" gibt. Schwierige
Kürübungen wirst du aber
erst probieren, wenn du in
der Pflicht ganz sicher bist.

Einfache Einzelübungen

Es gibt eine ganze Reihe einfacher Kürübungen, die du
alleine turnen kannst. Einige
davon habe ich für dich ausgesucht.

1. Kanone
Für diese Übung gehst du
zunächst in den Rückwärtssitz – zum Beispiel durch
eine halbe Mühle. Dann
stellst du beide Füße auf die
Kruppe, verlagerst dein Gewicht auf die Arme, hebst
den Po hoch und streckst
das rechte Bein nach oben.

2. Knien
Beim freien Knien sollen die
Unterschenkel so liegen, daß
die rechte Fußsohle nach
außen und die linke nach
innen zeigt, während die
Knie ganz dicht beieinander
sind. Durch diese Beinlage
hast du den besten Halt.
Richte nun den Oberkörper
auf, nimm den Kopf hoch
und führe die Arme in die
Seithalte.

3. Liegehang
Zum Aufbau dieser Übung
gehst du zunächst in den
Innensitz. Dann legst du
dich mit dem Bauch quer
über den Pferderücken,
wobei dein Kopf nach außen
gewandt ist und die Beine
nach innen zeigen. Mit den
Händen hältst du dich am
äußeren Griff und an der
äußeren Schlaufe fest. Nun
beugst du deinen Oberkör-
per nach unten, wobei du
das linke Bein anwinkelst
und das rechte Bein nach

Der Liegehang ist eine gute Kürübung für Anfänger

Bei der Halsfahne muß man das rechte Bein gut nach oben strecken, um das Pferd nicht am Kopf zu treffen

oben streckst. Deinen Kopf nimmst du in den Nacken.

4. Halsfahne

Für die Fahne auf dem Hals machst du zunächst eine halbe Mühle zum Rückwärtssitz. Dann rutschst du vor den Gurt, verlagerst dein Gewicht auf die Arme und legst dein linkes Bein schräg über den Pferdehals, wobei du die Fußspitze etwas anziehst. Nun stützt du dich mit den Armen gut ab, indem du am besten von unten in die Griffe faßt. Anschließend hebst du den Kopf, spannst die Rückenmuskeln an und streckst das rechte Bein nach hinten hoch.

5. Prinzensitz

Beim Prinzensitz legst du das linke Bein wie bei der Fahne schräg über den Pferderük- ken. Den rechten Fuß stellst du so auf, daß die Fußspitze nach außen zeigt. Dann richtest du den Oberkörper auf, nimmst den Kopf hoch und streckst die Arme wie beim Grundsitz nach außen.

6. Pistole

Für die Pistole gehst du in den Innensitz und stellst den rechten Fuß in die innere Schlaufe des Gurtes. Dann hältst du dich mit beiden Händen am inneren Griff

fest und läßt den Po so weit
herunter, bis das Bein in der
Schlaufe angewinkelt ist.
Hebe nun den Kopf, richte
den Oberkörper auf und
strecke das linke Bein nach
vorne.

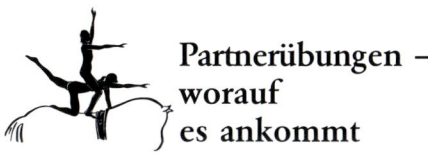

Partnerübungen –
worauf
es ankommt

Besonders beliebt sind natürlich Partnerübungen. Da die
meisten Dreierübungen für
Voltigieranfänger zu schwierig sind, werden zunächst
vorwiegend Zweierübungen
geturnt.
Bei allen Partnerübungen
muß darauf geachtet werden,
daß die Voltigierer von
ihrer Körpergröße gut
zusammenpassen. So sollten
zum Beispiel beim Dop-
pelstehen die Partner
etwa gleich groß sein,
während bei anderen
Übungen – beispielsweise
bei Hebeübungen – der
eine Voltigierer kleiner als
der andere sein muß.
Wichtig ist auch, daß die
Bewegungen der einzelnen
Voltigierer gut aufeinander
abgestimmt sind, daß also
beispielsweise Arme oder
Beine gleichzeitig ausge-
streckt und wieder gesenkt
werden.

*Der Prinzensitz und
die Pistole können
einzeln oder als
Doppelübung geturnt
werden*

Einfache
Partnerübungen

Zahlreiche leichte Partnerübungen ergeben sich aus
der Kombination von Sitzen,
Knien und Stehen – wie
zum Beispiel das Doppel-
sitzen, das Doppelknien, das
Sitzen-Knien, das Knien-
Stehen oder Sitzen-Knien-
Stehen, die sogenannte Pyramide. Einige dieser Übungen
habe ich ausgewählt.

1. Doppelsitzen
Bei dieser Übung sitzen
beide Partner dicht hintereinander. Man kann wie bei der

Pflichtübung Grundsitz die Arme in die Seithalte nehmen. Eine andere Möglichkeit besteht darin, daß der vordere Voltigierer den linken Arm nach unten und den rechten schräg nach oben streckt, während der hintere Voltigierer es umgekehrt macht. Dann wird aus dem Doppelsitzen das sogenannte **Andreaskreuz**.

Durch eine andere Armhaltung wird aus dem Doppelsitzen das Andreaskreuz

2. Sitzen-Knien rückwärts

Das Sitzen-Knien ist eine beliebte Anfängerübung, die man auch rückwärts ausführen kann: Der vordere Voltigierer geht in den Rückwärtssitz. Hierbei kann er seine Beine in die Gurtschlaufen stecken, um mehr Halt zu bekommen. Der hintere Voltigierer kniet aus dem Rückwärtssitz auf, indem er sich mit den Händen auf der Kruppe des Pferdes abstützt. Nun richtet der Kniende seinen Oberkörper auf, und beide Voltigierer strecken die Arme entweder zur Seite weg oder halten sie elegant angewinkelt mit gespreizten Fingern.

3. Pyramide

Die Pyramide gehört zu den wenigen Dreierübungen, die auch schon von Voltigieranfängern geturnt werden können. Der vordere Volti-

Das Sitzen-Knien rückwärts mit graziöser Armhaltung

gierer sitzt dabei, der mittlere kniet und der hintere steht. Zuerst richtet sich der hintere Voltigierer auf, dann der mittlere. Der vordere Voltigierer kann bei einem kleinen Pferd auch vor dem Gurt sitzen. Die einzelnen Voltigierer halten sich entweder an den Schultern des Vordermannes fest oder nehmen die Arme in die Seithalte.

Auch mit der Fahne lassen sich viele hübsche Übungen gestalten. So kann man zum Beispiel die Fahne prima mit der Pistole kombinieren. Aber auch die Doppelfahne, das Stehen über der Fahne oder die Fahne kombiniert mit der Standwaage sind beliebte Einstiegsübungen.

4. Doppelfahne

Für diese Übung muß der hintere Voltigierer größer sein als der vordere, weil er die Fahne über seinem Partner macht. Nun kniet zuerst der hintere, dann der vordere Voltigierer auf, wobei der vordere ganz unten und der hintere Voltigierer ganz oben an die Griffe faßt.

Oben rechts: Für die Pyramide sollten alle Voltigierer etwa gleich groß sein

Unten rechts: Das Stehen über der Fahne in perfekter Ausführung

Die Fahne kombiniert mit der Standwaage ist ein Balanceakt zu zweit

Der Tango-Tänzer ist eine beliebte Kürübung für Spielgruppen

Dann wird jeweils das linke Bein quer über den Pferderücken gelegt und das jeweils rechte Bein nach hinten hochgestreckt. Die Stützbeine sollen hierbei möglichst dicht nebeneinanderliegen.

5. Fahne und Standwaage

Der hintere Voltigierer richtet sich auf, indem er sich an den Schultern des Vordermannes hochzieht. Dann kniet der vordere Voltigierer auf, und der Hintermann stellt den linken Fuß schräg dicht neben den linken Unterschenkel des Vordermanns. Nun strecken beide Voltigierer jeweils das rechte Bein nach hinten weg. Hierbei stützt sich der Kniende auf die Griffe und der Stehende auf die Schultern seines Partners.

6. Doppelte Standwaage in der Schlaufe

Die Standwaage kann man auch in der Schlaufe des Gurtes ausführen. Hierzu stellt der erste Voltigierer den linken Fuß in die innere Gurtschlaufe, stützt sich am inneren Griff ab, beugt den Oberkörper vor und streckt das rechte Bein nach hinten. Der zweite Voltigierer macht es außen umgekehrt. Wenn beide Voltigierer ihr ausgestrecktes Bein anwinkeln und auf dem Pferderücken aufstützen, ihren jeweils inneren Arm hinter den Schultern verschränken und ihre äußeren Arme mit gefalteten Händen nach oben strecken, wird diese Übung zum sogenannten **Tango-Tänzer.**

Einfache Auf- und Abgänge

Einfache **Küraufgänge** gibt es wenige, die meisten sind recht schwierig wie etwa der Aufsprung ins Knien oder der Hockaufsprung. Bestenfalls kann man den Aufgang in den Innensitz probieren, bei dem man mit geschlossenen Beinen im Innensitz landet. Auch der Aufgang in den Außensitz kommt in Frage. Dabei schwingt man sich mit geschlossenen Beinen in den Außensitz. Grundlage für den Küraufgang ist aber der Aufsprung, den du schon von der Pflicht kennst. Bei Partnerübungen ist der Doppelaufsprung hintereinander üblich.

Doppelaufsprung hintereinander
Für diesen Aufgang macht der erste Voltigierer einen regulären Pflichtaufsprung.

Dann faßt er mit der linken Hand in den äußeren Griff und führt den rechten Arm hinter seinem Rücken nach innen. Der zweite Voltigierer greift nun mit der linken Hand in den inneren Griff und erfaßt mit der rechten Hand die rechte Hand des ersten Voltigierers. Beide umfassen sich am Handgelenk, und dann springt der zweite Voltigierer ebenfalls auf den Pferderücken.

Einfache **Kürabgänge** gibt es dagegen viele. Dazu gehören der Abgang und der Absprung, die du bereits von der Pflicht kennst. Bei der Kür kannst du sie auch nach außen ausführen.

So greift man für den Doppelaufsprung: Die Voltigierer umfassen sich gegenseitig am Handgelenk

Für den Bocksprung über die Kruppe muß man sich mit beiden Händen kräftig abdrücken und mit gestreckten Beinen abgrätschen

Griffen ab und schwingst die Beine über den Pferdehals so nach außen, daß du mit einer halben Körperdrehung in der Bewegungsrichtung des Pferdes landest.

3. Bocksprung über die Kruppe

Aus dem Knien rückwärts kannst du einen Bocksprung über die Kruppe machen. Hierzu drückst du dich mit den Knien und den Händen von der Kruppe ab und springst mit gegrätschten Beinen nach hinten vom Pferd.

Einige Verbindungsübungen

Durch **Verbindungsübungen** können mehrere Kürübungen miteinander verknüpft werden, ohne daß man zwischendurch abspringen muß. Hierbei muß man meist einen sogenannten Positionswechsel vornehmen. Ich habe einige Verbindungsübungen ausgewählt, die ich dir im folgenden kurz beschreibe:

1. Strecksprung

Aus dem Stehen kannst du einen Strecksprung nach außen oder innen machen, indem du dich mit den Füßen vom Pferderücken abdrückst, die Arme hochnimmst und deinen Körper streckst.

2. Wende vom Hals

Aus dem Rückwärtssitz auf dem Hals machst du eine Wende vom Hals: Du holst mit beiden Beinen Schwung, neigst den Oberkörper vor, drückst dich kräftig von den

1. Wenn du für die nächste Übung vom Vorwärtssitz in den Rückwärtssitz mußt oder umgekehrt, machst du am besten eine halbe Mühle oder eine Vorwärts- beziehungsweise Rückwärtsschere.

2. Willst du in den Vorwärtssitz vor dem Gurt kommen,
so nimmst du beide Beine
zwischen die Griffe und
ziehst dich mit den Armen
nach vorne.

3. Mußt du aus dem Vorwärtssitz hinter dem Gurt in
den Rückwärtssitz vor dem
Gurt, so gehst du zunächst
in den Innensitz und greifst
mit der rechten Hand in den
inneren und mit der linken
Hand in den äußeren Griff.
Das bezeichnet man als
Kreuzgriff. Dann schwingst
du mit dem linken Bein
über den Pferdehals nach
außen in den Rückwärtssitz.
Hierbei mußt du dein Bein
gut hochschwingen, damit
du das Pferd nicht am Kopf
triffst oder an seinem Hals
hängenbleibst.

*Bei der Rolle auf
den Hals muß der
Voltigierer die Griffe
von unten erfassen
und mit gespreizten
Beinen zurück-
schwingen*

4. Willst du aus dem Rückwärtssitz hinter dem Gurt in
den Rückwärtssitz vor dem
Gurt, so kannst du eine Rolle
rückwärts machen. Hierzu
legst du dich auf den Rücken,
wobei deine Hände von un-
ten in die Griffe greifen und
dein Kopf innen unterhalb
der Arme liegt. Dann
schwingst du die Beine nach
oben und rollst in den Rückwärtssitz vor dem Gurt.

Wußtest du, daß ...

... sich Kürübungen von den Pflichtübungen unterscheiden müssen? Allerdings können Pflichtübungen auch in einer Kür gezeigt werden, wenn sie entweder als Doppel- oder Dreierübungen kombiniert werden (z. B. Doppelstehen, Dreiersitzen), in Verbindung mit anderen Kürübungen gezeigt werden (z. B. Fahne-Standwaage) oder in einer anderen Position ausgeführt werden (z. B. Fahne auf dem Hals).

... bei Partnerübungen nicht mehr als drei Voltigierer gleichzeitig auf dem Pferd sein dürfen? Außerdem müssen bei Dreierübungen immer zwei Voltigierer den Kontakt zum Pferd behalten.

... alle Kürübungen in drei verschiedene Schwierigkeitsgrade eingestuft sind? L steht für leichte, M für mittelschwere und S für schwierige Kürübungen.

... sich in einer Gesamtkür möglichst statische und dynamische Übungen abwechseln sollen? Doppelt gezeigte Übungen werden bei einem Wettbewerb nur einmal bewertet.

... das gleichzeitige Ausstrecken von Armen und Beinen bei Partnerübungen durch lautes Zählen eingeübt wird? Bei einer Vorführung oder einem Turnier zählt man dann im Kopf still für sich.

... die erlaubte Zeit für eine Gesamtkür bei Spiel- und D-Gruppen (nächsthöhere Leistungsklasse nach den Spielgruppen) höchstens vier Minuten, bei allen anderen Gruppenwettbewerben höchstens fünf Minuten betragen darf? Das Ende der Zeitmessung wird durch das „Abläuten" bekanntgegeben.

... es für Spiel- und D-Gruppen eine Pflichtkür gibt? Hierbei müssen mindestens zehn von zwölf vorgeschriebenen Kürübungen gezeigt werden.

Fit durch Gymnastik

Daß Gymnastik für das Voltigieren eine große Bedeutung hat, hast du schon mehrfach gelesen. Gymnastische Übungen bringen deinen Kreislauf auf Trab, lösen Verkrampfungen und Verspannungen, kräftigen deine Muskeln sowie Sehnen und halten die Gelenke geschmeidig. Hierdurch wirst du einerseits lockerer und elastischer, andererseits erlangst du die erforderliche Körperbeherrschung.

Richtiges Aufwärmen ist wichtig!

Zu Beginn jeder Voltigierstunde steht die sogenannte Aufwärmgymnastik auf dem Programm. Der Sinn dieser Gymnastik liegt darin, die Durchblutung der Muskulatur zu fördern. Dadurch werden die Muskeln locker und warm. Denn wenn du mit steifen, im Winter sogar kalten Muskeln voltigierst, bewegst du dich nicht nur staksig, sondern kannst dich unter Umständen auch verletzen.

Deshalb ist das Aufwärmen vor dem eigentlichen Voltigieren so wichtig – aber du mußt es auch richtig machen. Aufwärmen heißt nicht, sich restlos zu verausgaben. Denn dann bist du schon müde, bevor der Unterricht überhaupt begonnen hat.

Übungsbeispiele zum Lockern und Aufwärmen

1. Gehen
- Gehen vorwärts, seitwärts und rückwärts
- Gehen auf den Zehenspitzen oder auf den Fersen
- Gehen mit großen Schritten
- Gehen in der Hocke
- Gehen mit gleichzeitigem Armkreisen
- Gehen mit gleichzeitigem Rumpfbeugen
- Gehen und sich auf Zuruf in die Bauchlage

Durch lockeres Warmlaufen wird die Durchblutung gefördert

beziehungsweise in die Hocke bewegen oder eine Rolle vorwärts machen

2. Laufen
- Laufen vorwärts, seitwärts und rückwärts
- Laufen mit Anfersen (Hochziehen der Fersen zum Po)
- Laufen auf der Stelle mit Anheben der Knie (Skipping)
- Steigerungslauf (allmählich schneller werden)
- Steigerungslauf mit Überholen: Die ganze Gruppe läuft hintereinander. Der letzte in der Reihe spurtet an die Spitze, dann läuft der nächste nach vorne und so weiter ...

3. Hüpfen und Kriechen
- Galopphüpfer vorwärts und seitwärts
- Auf einem Bein hüpfen
- Wie ein Frosch hüpfen
- In der Hocke vorwärts hüpfen
- Auf allen vieren kriechen
- Kriechstaffel: Die ganze Gruppe stellt sich in einer Reihe dicht hintereinander auf und spreizt die Beine. Der letzte kriecht hindurch und stellt sich vorne im Grätschstand auf, dann folgt der nächste – und so weiter.

Springen, Stützen, Balancieren und Dehnen

Nach dem Warmturnen werden spezielle Übungen ausgeführt, durch die du deine Sprung- und Stütz-kraft, sowie dein Gleichge-wichtsgefühl trainieren kannst. Auch die Dehn- und Spreizfähigkeit deines Kör-pers wird sich dadurch deut-lich verbessern. Alle diese Übungen sind jedoch nur wirksam, wenn sie richtig und mehrmals hintereinan-der ausgeführt werden.

1. Springen und Stützen

Sprungkraft brauchst du für alle Aufgänge, die Stützkraft ist Voraussetzung für alle Hebe- und Schwungübungen wie zum Beispiel für die Schere oder die Flanke. Hier findest du einige spezielle Übungen:

- Streck-, Grätsch- und Hocksprünge ausführen
- Bockspringen mit der ganzen Gruppe in einer Reihe
- Liegestütz vorlings
- Liegestütz rücklings mit Partner
- Brücke
- Handstand gegen einen Partner

Die Kriechstaffel mit der ganzen Gruppe macht allen viel Spaß

Durch Bocksprünge kann man seine Sprungkraft spielerisch steigern

*Liegestütze kräftigen
die Armmuskeln*

*Der Spreizsitz mit
Partner ist eine
ideale Vorübung für
die Mühle*

das Knien oder die Stand-
waage.

Dehnübungen verbessern die
Spannkraft, die beispielsweise
für den Abgang, die Fahne
und die Mühle wichtig ist.
Alle Dehnübungen müssen
langsam und ohne „Nach-
federn" ausgeführt werden.
Nach jeder Dehnübung muß
eine Entspannung des be-
treffenden Körperteils folgen,
indem man den Muskel
durch leichtes „Aus-
schütteln" lockert. Folgende
Übungen sind besonders
sinnvoll:

2. Balancieren und Dehnen

Das Balancieren ist eine gute
Vorbereitung für den Grundsitz, das Stehen und für Kürübungen wie beispielsweise

- Auf einem Bein stehen,
  das andere Bein an-
  winkeln und am Unter-
  schenkel festhalten
- Kniebeugen mit zwei
  Beinen oder einem Bein
- Ein Bein vorschwingen
  und eine halbe Körper-
  drehung durchführen
- Standwaage
- Rumpfbeugen mit durch-
  gedrückten Beinen, Un-
  terschenkel umfassen und
  den Kopf auf die Knie
  legen
- Strecksitz: Die Unter-
  schenkel umfassen und
  den Kopf auf die ge-
  schlossenen und durch-
  gedrückten Beine legen
- Spreizsitz mit Partner:
  Die Fußgelenke des hin-
  ter dem Rücken stehen-

den Partners umfassen.
Dieser zieht dann ab-
wechselnd ein Bein
langsam nach oben,
während das andere ge-
streckt liegenbleibt

- Grätschsitz: Beine grät-
schen, abwechselnd den
rechten und den linken
Unterschenkel umfassen
und den Kopf auf das
entsprechende Knie
legen. Beide Beine
bleiben hierbei gestreckt
- Grätschsitz mit Partner:
Mit dem Gesicht zuein-
ander setzen, Füße ver-
schränken, sich gegensei-
tig an den Oberarmen
umfassen und sich ab-
wechselnd langsam nach
vorne ziehen, den Rük-
ken dabei gerade halten

Turnen mit Cavaletti

Cavaletti sind Bodenricks,
die eigentlich in der Ausbildung des Pferdes und zur
Vorbereitung auf das Springen verwendet werden. Sie
eignen sich aber auch prima
als Turngeräte. Man kann sie
sowohl für die Aufwärmgymnastik als auch für spezielle
Turnübungen benutzen. Hier
sind einige Übungsvor-
schläge mit Cavalettis:

1. Hüpfen und Springen
- Beidbeinig oder mit
einem Bein über das
Cavaletti springen
- Mit geschlossenen
Beinen Streck-, Grätsch-
oder Hocksprünge aus-
führen
- Hockwende: Mit den
Armen auf das Cavaletti
stützen und mit geschlos-

Beim Grätschsitz zu zweit werden die Rückenmuskulatur und die Spreizfähigkeit der Beine gestärkt

Durch Hockwenden über das Cavaletti werden sowohl die Sprung- als auch die Stützkraft verbessert

senen Beinen nach links und nach rechts hüpfen, den Po dabei hochnehmen

2. Stützen und Dehnen
- Liegestütz vorlings oder rücklings: Die Beine auf das Cavaletti legen und die Arme auf den Boden stützen
- Streck- oder Grätschsitz vor dem Cavaletti: Vor das Cavaletti setzen und die Füße auf das Cavaletti legen, dann Rumpfbeugen nach vorne ausführen

3. Kriechen und Balancieren
- Unter dem Cavaletti hindurchkriechen
- Vorwärts oder rückwärts über das Cavaletti balancieren

Das Balancieren über ein Cavaletti ist ein prima Gleichgewichtstraining

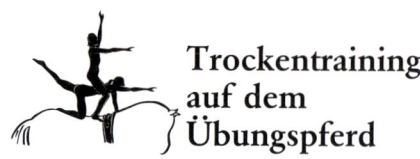

Trockentraining auf dem Übungspferd

Ein Übungspferd ist für den Voltigierunterricht unentbehrlich, denn es ist unendlich geduldig und nimmt nichts krumm. So kann man auf ihm zum Beispiel alle Lernschritte üben, die sonst im Halten auf dem Voltigierpferd geturnt werden müßten. Dadurch wird das Voltigierpferd entlastet. Man kann auf dem Übungspferd aber auch Grifftechniken und Kürübungen ausprobieren sowie spezielle Vorübungen zur Haltungsverbesserung und zur Förderung der Sprung- und Stützkraft ausführen.

Vorübungen auf dem Übungspferd

1. Für den Aufsprung
- Grifftechnik und Haltung beim Aufsprung üben
- An den Griffen festhalten und hochspringen
- Mehrmals hintereinander auf- und abspringen
- Anlauf nehmen und von hinten auf das Übungspferd springen (Bocksprung)

2. Für den Grundsitz

- Korrekte Körper-, Bein- und Armhaltung üben
- Die Armhaltung durch einen anderen Voltigierer korrigieren lassen
- Augen schließen und versuchen, die Arme in die korrekte Seithalte zu bringen

Die richtige Bein- und Armhaltung bei der Fahne kann man auf dem Übungspferd in Ruhe einüben

3. Für die Fahne

- Das richtige Knien üben
- Das Ausstrecken des Beines und des Armes üben und von einem anderen Voltigierer korrigieren lassen
- Arm und Bein möglichst weit nach oben federn
- Das gleichzeitige Ausstrecken von Bein und Arm probieren

4. Für die Mühle

- Die korrekte Körperhaltung und das Umgreifen üben
- Die gestreckte und hohe Beinführung üben
- Die Takte der Mühle durch Zählen üben

5. Für die Schere

- Den Stützschwung mehrmals hintereinander ausführen
- Das Scheren und die richtige Drehrichtung üben
- Die Bogenspannung für die Rückwärtsschere üben

6. Für das Stehen

- Das korrekte Knien, Aufhocken und die richtige Haltung beim Stehen üben und sich dabei von einem anderen Voltigierer korrigieren lassen
- Das richtige Gleiten in den Sitz üben

7. Für die Flanke

- Den Stützschwung mehrmals hintereinander ausführen
- Liegestütz auf dem Übungspferd machen
- Beide Teile der Flanke üben
- Anlauf nehmen und über das Übungspferd nach außen flanken

8. Für die Kürübungen

- Einzelübungen ausführen und sich von einem anderen Voltigierer korrigieren lassen
- Verbindungsübungen, Auf- und Abgänge ausprobieren

Der Aufbau von Partnerkürübungen wird zunächst auf dem Übungspferd einstudiert – wie hier der Handstand auf der Schulter

trainieren auch den Körper. Durch Spiele kann man sich sowohl gemeinsam mit dem Voltigierpferd aufwärmen als auch das Ende der Voltigierstunde lustig gestalten.

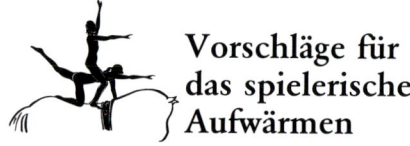

Vorschläge für das spielerische Aufwärmen

1. Das Pferd geht im Schritt, Trab oder Galopp. Alle Voltigierer laufen nebeneinander hinter der Longe her, wobei der erste den inneren Griff des Gurtes erfaßt. Nach einer Runde läuft er hinter den anderen Voltigierern zur Zirkelmitte und schließt sich am Ende der Reihe an, während die anderen je einen Platz in Richtung Pferd weiterrücken – und so weiter.

2. Die Voltigierer stellen sich in gleichmäßigen Abständen um den Zirkel auf. Wenn das Pferd vorbeitrabt, läuft jeder Voltigierer vorwärts oder seitwärts bis zum nächsten Gruppenmitglied mit und nimmt dessen Platz ein.

3. Alle Voltigierer stellen sich in gleichmäßigen Abständen um den Zirkel auf. Jedesmal, wenn das Voltigierpferd vorbeiläuft, machen die Voltigierer eine Kniebeuge oder

● Den Auf- und Abbau sowie die Grifftechniken von Doppel- und Dreierübungen proben

Spiele mit dem Voltigierpferd

Spiele sind beim Voltigieren ungeheuer beliebt. Kein Wunder – sie machen nicht nur großen Spaß, sondern

setzen sich schnell auf den Boden und stehen wieder auf.

Spielvorschläge für den Unterrichtsausklang

1. Alle Voltigierer versuchen nacheinander, auf dem Pferd zum Beispiel eine knopflose Jacke oder Fingerhandschuhe an- und wieder auszuziehen.
Diese spielerische Übung kann man im Sitzen, im Knien oder im Stehen machen, und zwar entweder im Schritt oder im Galopp – je nach Ausbildungsstand der einzelnen Voltigierer.

2. Ein Voltigierer setzt sich rückwärts vor den Gurt, ein anderer vorwärts hinter den Gurt. Dann denkt sich einer der beiden Kopf- und Armbewegungen wie zum Beispiel Grimassen, Armkreisen oder Trompete spielen aus, die der andere nachstellen soll.

3. Alle Voltigierer versuchen nacheinander eine Runde im Schritt einen Apfel auf der flachen Hand zu balancieren, wobei der Arm zur Seite ausgestreckt wird. Schafft der Voltigierer das, darf er den Apfel selber essen. Läßt er ihn fallen, so bekommt ihn das Voltigierpferd nach dem Unterricht.

Das gemeinsame Aufwärmen mit dem Voltigierpferd macht allen große Freude

95

Wußtest du, daß ...

... man durch gezielte Gymnastik die Voltigierübungen auf dem Pferd schneller und leichter erlernt? Denn hierdurch wird man gelenkiger und bekommt eine körperliche Grundspannung, die für das Voltigieren von großem Vorteil ist.

... man sich im Winter während der Wartezeiten in den Übungsstunden selbständig warm halten muß? Das kann man zum Beispiel durch Übungen auf dem Boden oder auf dem Übungspferd tun.

... man unter die Gymnastikhose bequem noch eine Feinstrumpfhose anziehen kann? Sie macht jede Bewegung mit und hält Beine und Füße warm, wenn es kalt ist.

... man durch Reiben und Fingerübungen kalte Hände wieder warm bekommt? Man kann sie auch in das dichte Winterfell oder unter die Mähne des Voltigierpferdes stecken – da ist es immer herrlich warm!

... Kräftigungsübungen wie zum Beispiel der Liegestütz nur wirksam sind, wenn man sie mindestens sechs- bis zehnmal wiederholt?

... man Dehnungsübungen erst nach dem Aufwärmen durchführen darf? Man sollte auch niemals „wippen" oder nachfedern, sondern stets langsam in die angestrebte Position gehen und diese dann etwa 20 Sekunden halten. Anschließend wieder lösen und Muskeln lockern.

... es für Turniergruppen meist zusätzliche Gymnastikstunden gibt? Diese werden in einer Turnhalle einmal pro Woche abgehalten.

... man auch zu Hause Gymnastik betreiben kann? Täglich zehn bis fünfzehn Minuten genügen, um sich körperlich fit zu halten. Das kommt nicht nur dem Voltigieren, sondern auch dem eigenen Wohlbefinden zugute.

Der gespreizte
Handstand ist eine
Kürübung mit
hohem Schwierig-
keitsgrad, die bei
Voltigierwettbewer-
ben der Leistungs-
klasse A gezeigt wird

Vorführungen, Wettbewerbe und Prüfungen

Nun voltigierst du schon eine ganze Weile und hast inzwischen so viel gelernt, daß du deine Voltigierkünste gerne mal in der Öffentlich- keit zeigen möchtest. Vielleicht willst du dein Können auch in einem Wettbewerb oder durch eine Prüfung unter Beweis stellen.

97

Voltigiervorführungen

Voltigiervorführungen sind eine gute Gelegenheit, das bisher Erlernte vor einem größeren Publikum zu zeigen. Anlässe für eine solche Vorführung gibt es genug – zum Beispiel, wenn dein Verein einen Tag der offenen Tür veranstaltet, als Schaueinlage auf einem Turnier oder im Rahmen einer Weihnachtsfeier.

Bei jeder solchen Vorführrung zeigt jeder Voltigierer die Pflichtübungen, die er am besten kann, und anschließend wird eine kurze Kür dargeboten. Die Voltigervorführung kann je nach Ausbildungsstand im Schritt oder im Galopp durchgeführt werden. Meistens sind alle Voltigierer einheitlich gekleidet – also entweder im Turniertrikot oder in farblich aufeinander abgestimmten Gymnastikanzügen. Man kann sich aber auch kunterbunt anziehen oder sich dem jeweiligen Anlaß entsprechend kostümieren und schminken. In der Faschingszeit können sich die Voltigierer beispielsweise als Clowns oder Ballerinas verkleiden und Bonbons unter die Zuschauer

werfen. Zur Weihnachtszeit sind voltigierende Engelchen oder Nikoläuse eine gute Idee, die zwischendurch selbstgebackene Plätzchen oder kleine Geschenke an das Publikum verteilen. Solche Vorführungen bereiten nicht nur den Voltigierern, sondern auch den Zuschauern große Freude. Beachtet werden muß nur, daß die Kostüme weder den Voltigierern noch dem Voltigierpferd hinderlich oder gefährlich werden können.

Welche Voltigierwettbewerbe gibt es?

Wenn du dich mit anderen Voltigierern messen willst, wirst du zunächst einmal bei **Spielgruppenwettbewerben** starten. Hierbei werden die Pflichtübungen nur in ihren Vorstufen verlangt – zum Beispiel statt dem Stehen das Knien und statt der Schere und der Flanke der Stützschwung. In der Kür sind nur Einzel- und Doppelübungen zugelassen. Es gibt hier zwei Wettbewerbsformen: einen Schrittwettbewerb mit Pflicht und Kür im Schritt sowie einen Galopp-Schritt-Wettbewerb mit Pflicht im Galopp und Kür im Schritt.

Die Nummer auf dem Rücken dient den Voltigierrichtern zur Bewertung der Einzelleistungen

Später wechselt deine Gruppe dann in die **Leistungsklasse D**. Hier müssen alle diese Übungen bereits im Galopp gezeigt werden. Die nächsthöhere Kategorie, in die deine Gruppe eingestuft werden kann, ist die **Leistungsklasse C**. In dieser Klasse wird schon mehr gefordert, aber auch hier sind die Pflichtübungen teilweise vereinfacht – so wird zum Beispiel die Mühle im Fünfer- anstatt im Vierertakt ausgeführt. In der Kür dürfen höchstens sechs Dreierübungen vorkommen. Für die **Leistungsklassen B** und **A** werden alle Pflicht-

übungen in ihrer vollständigen Ausführung verlangt, und die Kür beinhaltet vorwiegend mittelschwere bis schwere Übungen. Die Wettbewerbe im **Einzelvoltigieren** fallen in die Leistungsklassen B und A. **Doppelvoltigierprüfungen** bestehen dagegen nur aus einer Kür und sind an keine Leistungsklasse gebunden. Für die Teilnahme an Spielgruppenwettbewerben darfst du beim Schrittwettbewerb höchstens vierzehn Jahre und beim Galopp-Schritt-Wettbewerb höchstens sechzehn Jahre alt sein. In den übrigen Gruppenwettbewerben gilt ein Höchstalter von achtzehn Jahren, und für Doppel- und Einzelwettbewerbe mußt du mindestens sechzehn Jahre alt sein. Alle teilnehmenden Voltigierer müssen in Turniertrikots oder in Gymnastikkleidung antreten, die bei Gruppenprüfungen einheitlich sein sollen. Auch die Kleidung des Voltigierlehrers muß auf seine Gruppe abgestimmt sein. Jeder Gruppenvoltigierer muß außerdem eine zehn bis zwölf Zentimeter große Rückennummer tragen, damit die Voltigierrichter die Leistungen eines jeden Voltigierers erkennen und bewerten können.

Wie bewertet wird

An einem Gruppenwettbewerb nehmen in der Regel jeweils acht Voltigierer und ein Ersatzmann teil; bei Spielgruppen sind sechs bis zwölf Teilnehmer erlaubt. Bewertet wird jede Pflichtübung dieser acht Teilnehmer mit einer Note zwischen 0 und 10. Diese Einzelnoten werden zusammengezogen und dann durch die Anzahl der Voltigierer, also in den meisten Fällen durch acht, geteilt. Das ergibt die Notensumme der Pflicht.

Für die Kür werden drei Noten vergeben: eine für die Schwierigkeit, eine für die Gestaltung und eine für die Ausführung. Bei A- und B-Gruppen werden die erste und die dritte Note doppelt bewertet, bei C-, D- und Spielgruppen zählen die zweite und die dritte Note zweifach. Zieht man diese drei Noten nun zusammen, ergibt sich daraus die Notensumme für die Kür. Schließlich wird noch der Gesamteindruck der gezeigten Darbietung mit einer Note bewertet, die dann zu der Notensumme von Pflicht und Kür dazugezählt wird. Diese Gesamtsumme wird nun durch zwölf geteilt, und so ergibt sich die Endnote.

Der Notenschlüssel bei Voltigierwettbewerben:

10 = ausgezeichnet
9 = sehr gut
8 = gut
7 = ziemlich gut
6 = befriedigend
5 = genügend
4 = mangelhaft
3 = ziemlich schlecht
2 = schlecht
1 = sehr schlecht
0 = nicht ausgeführt

In der Regel werden fünf, mindestens aber vier Gruppen plaziert. Jeder Voltigierer erhält eine Schleife und einen kleinen Ehrenpreis. Die Farben der Schleifen zeigen an, welchen Platz deine Gruppe errungen hat.

Vielleicht kannst du dich – wie diese Voltigiererin – auch schon bald über deine erste Turnierschleife freuen

1. Platz: goldene Schleife
2. Platz: silberne Schleife
3. Platz: weiße Schleife
4. Platz: blaue oder braune
   Schleife
5. Platz: rote Schleife
Alle weiteren Plätze: grüne
Schleife

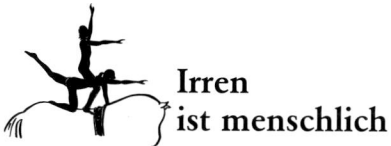

Irren ist menschlich

Eigentlich gehört es sich
nicht, ein Richterurteil anzu-
zweifeln – auch wenn man
einmal nicht damit einver-
standen ist und sich ungerecht bewertet fühlt. Aber in
einem speziellen Fall, den
ich erlebt habe, waren die
Zweifel berechtigt: Ich war
mit meiner Gruppe in einem
Spielgruppenwettbewerb ge-
startet und auf dem vierten
Platz gelandet. Wenn man
bedenkt, daß wir nur mit sieben Voltigierern angetreten
waren – zwei waren plötzlich
krank geworden –, war das
ein respektables Ergebnis.
Doch irgend etwas konnte
da nicht stimmen, denn wir
hatten im Vergleich mit den
anderen Gruppen gar keine
so schlechte Figur gemacht.
Als ich nach der Sieger-
ehrung unseren Bewertungsbogen bei der Meldestelle
abholte, fiel mir dann gleich
auf, daß die Endnote im

Verhältnis zu den Einzel-
noten sehr niedrig war – und
das, obwohl ich im Rechnen
nie besonders gut war! Ich
lief also wieder zurück, um
diesen Fehler zu melden,
und es stellte sich heraus,
daß irrtümlich die Pflicht-
noten durch acht und nicht
durch sieben geteilt worden
waren. Natürlich war dann
die richtige Endnote viel
höher als vorher, und wir
wurden schließlich auf den
zweiten Platz hochgestuft.
Da brach großer Jubel in
unserer Gruppe aus!
Weil aber die Gruppe, die
versehentlich auf dem zweiten Platz gelandet war, schon
abgereist war, mußten wir
noch zwei lange Wochen auf
unsere wohlverdienten silber-
nen Schleifen warten. Die
haben wir dann aber so richtig mit Mohrenköpfen und
Limo gefeiert!

Die Voltigier-abzeichen

Voltigierabzeichen kannst
du durch Sonderprüfungen
erwerben, die immer von
zwei Voltigierrichtern abge-
nommen werden. Eine
Abzeichenprüfung besteht
aus einem praktischen und
einem theoretischen Teil.
Im Praxisteil wird dein Kön-

nen im Voltigieren und im Umgang mit dem Pferd, also zum Beispiel im Putzen, Führen und Aufzäumen, geprüft. In der Theorie werden Fragen zur Haltung, Pflege und Ausrüstung eines Voltigierpferdes sowie zu den Voltigierübungen und zur Organisation des Voltigiersports gestellt.

Als Einstieg eignet sich das **Kleine Hufeisen** sehr gut, bei dem du in der praktischen Prüfung vier Pflichtübungen aus dem Spiel- beziehungsweise D-Gruppenprogramm und eine Kür- übung nach Wahl im Schritt oder im Galopp zeigen mußt. Außerdem mußt du im Takt mitgaloppieren und Hilfestellung beim Aufsprung geben können.

Für die Prüfung des **Kleinen Voltigierabzeichens** (Deutsches Voltigierabzeichen Klasse IV) mußt du bereits die Pflichtübungen des C-Gruppenprogramms im

Galopp beherrschen und mit einer Durchschnittsnote von mindestens 5,0 abschließen. In den Prüfungen für das Bronzene und das Silberne Voltigierabzeichen wird schon deutlich mehr verlangt. Denn für das **Bronzene Voltigierabzeichen** (Deutsches Voltigierabzeichen Klasse III) mußt du alle sechs Pflichtübungen im Galopp und in ihrer vollständigen Ausführung mit einer Durchschnittsnote von mindestens 5,0 bestehen. Für das **Silberne Voltigierabzeichen** (Deutsches Voltigierabzeichen Klasse II) wird sogar eine Durchschnittsnote von mindestens 7,0 verlangt. Schließlich gibt es noch das **Goldene Voltigierabzeichen** (Deutsches Voltigierabzeichen Klasse I), das für herausragende Turnierleistungen an Einzelvoltigierer verliehen wird.

Um dir eine Enttäuschung zu ersparen, solltest du eine Prüfung für ein Abzeichen nur dann ablegen, wenn deine Turnierleistungen darauf schließen lassen, daß du den jeweiligen Anforderungen auch gewachsen bist. Bestehst du eine Prüfung nicht auf Anhieb, ist das aber auch nicht schlimm, denn du kannst sie bereits nach drei Monaten wiederholen.

Das Deutsche Voltigierabzeichen in Silber als Aufnäher auf einem Turniertrikot

Wußtest du, daß ...

... jedes Voltigierturnier öffentlich ausgeschrieben wird? Eine Ausschreibung enthält alle Teilnahmebedingungen der geplanten Wettbewerbe.

... für einen Wettbewerb alle Voltigierer, der Voltigierlehrer und das Voltigierpferd angemeldet werden müssen? Hierzu muß man einen Nennungsbogen ausfüllen und diesen zusammen mit dem Startgeld rechtzeitig (vor Nennungsschluß) zum Veranstalter schicken.

... alle an einem Turnier teilnehmenden Voltigierer einen Voltigierausweis besitzen müssen? Nur die Spiel- und D-Gruppenvoltigierer sind von dieser Regelung ausgenommen.

... sich eine Wettkampfgruppe vor und nach jeder Vorführung aufstellen und den Richter A (Chef-Richter) grüßen muß? Hierzu verbeugen sich alle Voltigierer gleichzeitig.

... der Ersatzmann einer Wettkampfgruppe nur eingesetzt werden darf, wenn ein anderer Voltigierer durch eine Verletzung ausscheiden muß?

... es Bewertungsbögen gibt, in die alle Wertnoten einer Wettkampfgruppe eingetragen werden? Außerdem enthält ein Bewertungsbogen ein Protokoll, in dem die Richter die Stärken und Schwächen einer Gruppe kurz notieren.

... jede Wettkampfgruppe verpflichtet ist, einen Leistungsnachweis zu führen? In diesen werden alle Endnoten und Plazierungen einer Gruppe eingetragen. Anhand aller Eintragungen wird am Ende der Turniersaison die Einstufung in die entsprechende Leistungsklasse vorgenommen.

Viele Voltigierer werden früher oder später auch Reiter. Als Voltigierer hat man beim Reitenlernen viele Vorteile

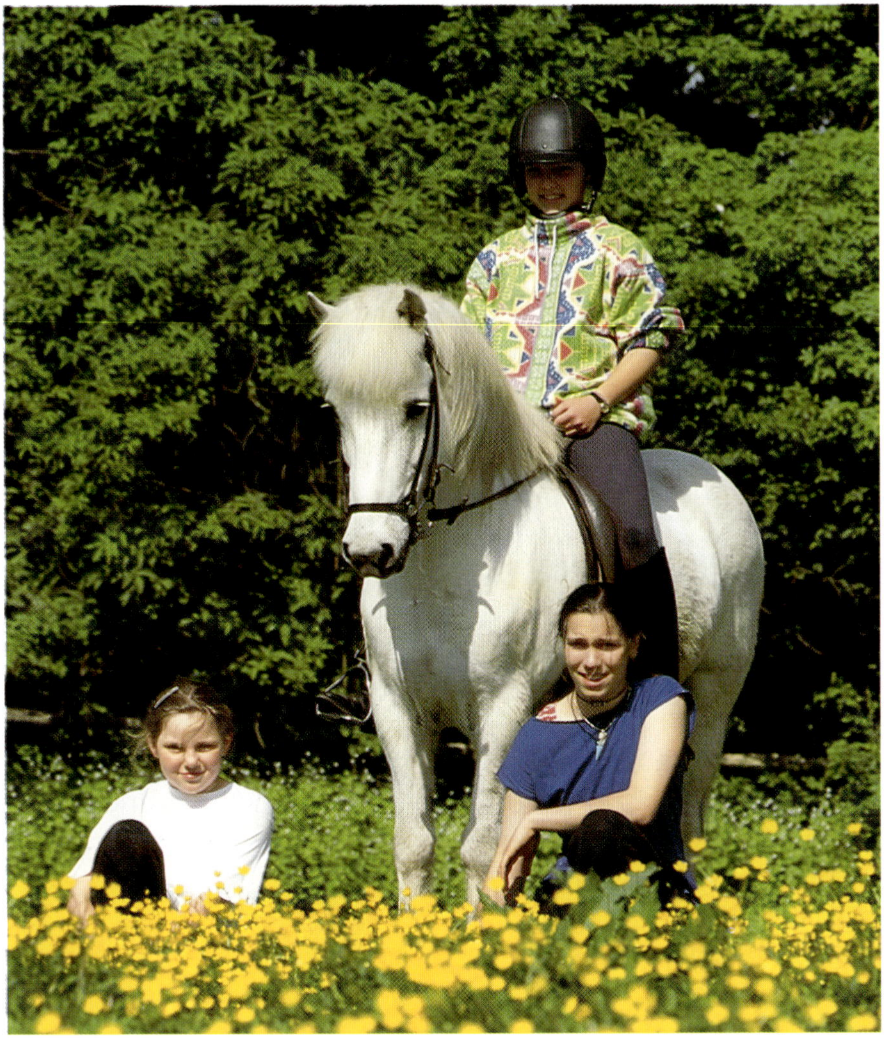

Vom Voltigierer zum Reiter

Viele Voltigierer verspüren irgendwann die Lust, zum Reiten überzuwechseln – auch wenn sie das Voltigieren vielleicht nebenbei weiter betreiben. Einige Vereine bieten sogar extra Reitstunden für Voltigierer an, um ihnen beim Übergang zum Reiten zu helfen.

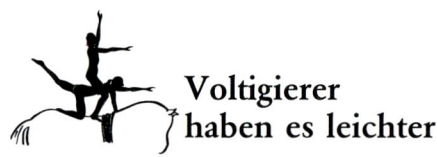

Voltigierer haben es leichter

Als Reitanfänger sind Voltigierer in vielerlei Hinsicht im Vorteil: Sie kennen die Reaktionen des Pferdes genau und können mit Pferden umgehen. Auch haben sie bereits das Gleichgewicht auf dem Pferderücken gefunden und sitzen deshalb von Anfang an unverkrampft, aber fest im Sattel. Außerdem können sie sich in die Bewegungen des Pferdes einfühlen, so daß ihnen das Erlernen der selbständigen Hilfengebung erheblich leichter fällt. Darüber hinaus sind sie mit der Umgebung und den Schulpferden vertraut und kennen meist auch schon den Reitlehrer. Denn in aller Regel nehmen die Voltigierer im selben Verein Reitunterricht, in dem sie zuvor das Voltigieren gelernt haben.

Ob du nun aber voltigierst oder reitest – vergiß nie, daß ohne die Pferde beides nicht möglich wäre! Behandle sie niemals ungerecht, lasse deine schlechte Laune nicht an ihnen aus und forsche stets nach den Gründen, wenn sie einmal nicht so wollen wie du. Respektiere ihre Bedürfnisse und Eigenarten und versuche, ein Vertrauensverhältnis aufzubauen, gleichgültig, ob es sich um ein Voltigierpferd, ein Reitschulpferd, ein Pflegepferd oder vielleicht sogar eines Tages um dein eigenes Pferd handelt. Denn nur so bist du nicht nur Voltigierer oder Reiter, sondern auch ein echter Pferdefreund.

DANKSAGUNG

Mein herzlicher Dank gilt allen Voltigierern, Voltigierlehrern und Reitvereinen, die sich, ihre Pferde und ihre Sportanlagen für die fotografischen Aufnahmen bereitgestellt und hierbei – trotz teilweise brütender Hitze – viel Ausdauer gezeigt haben und so zum Zustandekommen dieses Buches maßgeblich beitrugen.

Auf den Fotos sind zu sehen:

Julia Leonhard
Nina Mayer
Myriam Pfeifer
Janina und Laura Rahmsdorf
Daniela Schempp
Leon und Pascal Trebert
Natalie Zdobinski
mit dem Voltigierpferd *Vox*
(Reit- und Fahrverein Kriftel unter der Leitung von
Tanja Brinkmann)

sowie

Ellen Bistritschan
Helena Hamsch
Tatjana Hofmann
Susanne Jäger
Anne Krauth
Eva-Maria Mihm (RuF Hünfeld)
mit dem Voltigierpferd *My Little Lover*
(Darmstädter Reiterverein unter der Leitung von Janine Wolf)

DIE AUTORIN

Birgit van Damsen ist mit Pferden und anderen Tieren aufgewachsen. Nach ihrer Ausbildung zur Voltigierwartin FN trainierte sie mehrere Jahre lang eine Nachwuchs-Voltigiergruppe.
Die Autorin studierte Pädagogik, Germanistik und Soziologie. Heute arbeitet sie als freie Buchautorin und Journalistin für verschiedene Pferdezeitschriften. Birgit van Damsen ist begeisterte Freizeitreiterin und betreibt zusammen mit ihrem Lebenspartner eine kleine Vollblutaraberzucht.

DIE FOTOGRAFIN

Sabine Stuewer machte sich nach ihrem Biologiestudium als Fotojournalistin selbständig. Ihr Arbeitsschwerpunkt liegt in Aufnahmen von Tieren und besonders von Pferden. Von klein auf mit Pferden vertraut, war Sabine Stuewer viele Jahre lang aktive Voltigiererin und nahm unter anderem an Deutschen Meisterschaften teil. Die Fotografin und Besitzerin eines Shetlandponyhengstes lebt in Darmstadt.

Adressen

Deutschland:

Deutsche Reiterliche Vereinigung
Freiherr-von-Langen-Straße 13
D-48231 Warendorf
Telefon: 0 25 81 / 6 36 20

Österreich:

Bundesfachverband für Reiten und Fahren
Geiselbergstraße 26-32/512
A-1110 Wien
Telefon: 01 / 7 49 92 61

Schweiz:

Schweizer Verband für Pferdesport
Blankweg 70, Postfach
CH-3072 Ostermundingen
Telefon: 0 31 / 9 31 56 24

Kurzlexikon
Voltigieren von A bis Z

A

Ablongieren: Lösen eines Voltigierpferdes zu Beginn jeder Übungsstunde. Hierbei läuft das Pferd rechtsherum ohne Ausbinder an der Longe.

Andreaskreuz: Doppelkürübung, die aus dem Doppelsitz entwickelt wird.

Aufwärmen: Warmturnen der Voltigierer vor dem Unterricht.

Ausbinder: Hilfszügel zum Longieren eines Voltigierpferdes.

B

Bandagen: Lange elastische Binden, die dem Voltigierpferd um die Vorderbeine gewickelt werden. Sie dienen zum Schutz vor Verletzungen.

Bande: Schutzwand einer Reit- oder Longierhalle.

C

Cavaletti: Niedrige Bodenricks, die sowohl zur Ausbildung des Pferdes als auch zum Turnen genutzt werden.

D

Doppelvoltigieren: Wettkampfmäßiges Paarvoltigieren ab dem 16. Lebensjahr.

Dynamische Übungen: Pflicht- und Kürbungen, in denen Schwünge, Sprünge oder Drehungen enthalten sind.

E

Einzelvoltigieren: Einzelwettbewerbe ab dem 16. Lebensjahr.

Endnote: Die Notensumme der Pflicht- und Kürnoten sowie der Note für den Gesamteindruck geteilt durch zwölf.

Ersatzmann: Der Voltigierer mit der Rückennummer 9.

F

Fahne: Zweite Pflichtübung.

Flanke: Sechste Pflichtübung.

G

Gesamteindruck: Note für das Longieren und Vorstellen des Pferdes sowie für das Verhalten und die Aufmachung der Gruppe bei Wettbewerben.

Grundsitz: Erste Pflichtübung.

Grundübungen: Grundformen des Voltigierens. Hierzu gehören das Mitgaloppieren, der Aufsprung, der Sitz, der Abgang und der Absprung.

H

Hebeübungen: Kürübungen, bei denen ein Voltigierer hochgestemmt oder abgestützt wird.

Hilfestellung: Wird beim Voltigieren durch einen zusätzlichen Helfer oder gegenseitig geleistet. Auf Turnieren ist eine Hilfestellung nur bei Spielgruppen erlaubt.

K

Kanone: Kürübung, die aus dem gestützten Hockstand rückwärts entwickelt wird.

Kürübungen: Alle Voltigierübungen, die nicht zur Pflicht gehören.

L

Leistungsklassen: Wettbewerbsklassen. Die niedrigste ist die Klasse D, die höchste die Klasse A.

Lockerungs-übungen: Einfache Gewöhnungsübungen für Voltigieranfänger.

M

Meldestelle: Organisationsbüro auf Turnierplätzen.

Mühle: Dritte Pflichtübung.

N

Nachgurten: Festziehen des Voltigiergurtes nach dem Ablongieren.

Nennung: Anmeldeformular für einen Voltigier-wettbewerb.

P

Partnerübungen: Alle Doppel- und Dreierkürübungen.

Pflichtkür: Für Spiel- und D-Gruppen vor-geschrieben, bestehend aus zwölf Übungen, von denen mindestens zehn gezeigt werden müssen.

Pflichtübungen: Zu den Pflichtübungen gehört der Grundsitz, die Fahne, die Mühle, die Schere, das Stehen und die Flanke.

Plazierung: Reihenfolge der Wettkampfgruppen bei der Siegerehrung.

R

Richtlinien: Ausführungs- und Wettkampf-bestimmungen für den Voltigiersport.

Rückennummer: Etwa zehn bis zwölf Zentimeter große Nummer, die alle Turnierteil-nehmer auf dem Rücken tragen müssen.

S

Schere: Vierte Pflichtübung.

Seithalte: Das Ausstrecken der Arme zur Seite.

Statische Übungen:	Alle Übungen, die in der Pflicht vier Galoppsprünge und in der Kür drei Galoppsprünge unverändert gehalten werden.
Stehen:	Fünfte Pflichtübung.
Stützschwung:	Vor- beziehungsweise Teilübung aller Beinschwungübungen, bei der die Beine rück-hochgeschwungen werden.

T

Taktfehler:	Fehler bei der Pflichtübung Mühle, die im Vierer-Takt, bei C-Gruppen im Fünfer-Takt ausgeführt wird.
Tango-Tänzer:	Doppelkürübung, die aus der doppelten Standwaage in den Schlaufen entwickelt wird.
Turniertrikots:	Einheitliche Wettkampfkleidung, die vom jeweiligen Verein gestellt wird.

U

Übungspferd:	Turngerät für das Trockentraining, meist selbst hergestellt aus Holz oder Metallfässern.

V

Verbindungs-übungen:	Übungen, die dazu dienen, mehrere Kürübungen miteinander zu verknüpfen, ohne das Pferd zu verlassen.
Voltigierrichter:	Sachverständige, die bei Wettbewerben die Leistungen bewerten und die Abzeichenprüfungen abnehmen.

W

Wertnoten: Werden auf Voltigierturnieren gegeben. Es gibt die Wertnoten 0 (= nicht ausgeführt) bis 10 (= ausgezeichnet).

Wende nach innen/außen: Absprung nach innen/außen.

Z

Zirkel: Kreislinie, auf der das Pferd beim Voltigieren longiert wird. Sie soll einen Durchmesser von mindestens 13 Metern haben.

SACHREGISTER

Wissen rund um Pferde

In diesem Buch werden die
wichtigsten Berufe rund um
Pferde vorgestellt:
Welche Voraussetzungen muß
man erfüllen, wie sehen
Ausbildung und Berufsalltag
aus, und welche Weiter-
bildungsmöglichkeiten gibt es?

Alles über die Pflege von
Pferden: Wieviel Pflege brauchen Pferde? Was benötigt
man zum Pferdeputzen?
Ausführlich wird beschrieben,
wie man Pferde richtig pflegt –
von der Hufpflege über das
Striegeln, Bürsten und
Waschen von Pferden bis hin
zur Schönheitspflege.

Ein Buch über den sanften
und einfühlsamen Umgang
mit Pferden. Die Autorin,
die von Linda Tellington-
Jones in der TTEAM-
Methode ausgebildet wurde,
erklärt ausführlich, wie man
Pferde besser kennenlernt
und durch sanfte Einwir-
kung Verspannungen und
Probleme löst.

Der bekannte Pferdetierarzt
Dr. Maximilian Pick schildert
in diesem Buch die wichtigsten
Pferdekrankheiten: Welche
Krankheitsanzeichen treten
auf, welche Behandlungs-
möglichkeiten gibt es, und
wie kann man vorbeugen?
Dazu viele Informationen über
pferdegerechte Haltung und
Fütterung!

Alles über den Kauf eines
Pferdes und über den Alltag
mit einem eigenen Pferd – von
der Haltung und Fütterung
über Impfungen, Wurmkuren
und Versicherungen bis hin
zu Hufbeschlag und Pferdekrankheiten. Für alle, die
von einem eigenen Pferd
träumen!

Dieses Buch informiert
ausführlich über die ersten
Abzeichen für junge Reiter –
vom Kleinen und Großen
Hufeisen über den Reiter-
paß und das Kleine Reiter-
abzeichen bis hin zum
Bronzenen Reiterabzeichen.
Dazu viele Tips zur
Vorbereitung und zum
Prüfungsablauf!

Wie leben Pferde heute, wovon
ernähren sie sich, welche Arbeit
verrichten sie? Alles über ihr Leben
und ihre Bedürfnisse. Unentbehrlich
für engagierte Pferdefreunde!

Ein Buch über Ponyrassen in Europa,
Verhaltensweisen und Bedürfnisse
sowie Sport und Freizeit mit Ponys.
Ein Muß für alle, die Ponys und Kleinpferde lieben!

Die faszinierende Welt der Reitweisen –
vom modernen Dressurreiten übers
Westernreiten bis hin zum Gangpferde-
reiten. Für alle, die herausfinden möchten,
welcher Reitstil am besten zu ihnen paßt!

Ein Buch übers Voltigieren – von den
ersten Übungsstunden bis hin zu
Vorführungen und Wettbewerben. Für
alle, die sicher und mit Freude voltigieren möchten!